# ΤΟ ΠΛΗΡΕΣ ΒΙΒΛΙΟ ΜΑΓΕΙΡΙΚΗΣ ΤΩΝ ΕΠΙΔΟΡΠΙΩΝ ΝΟΤΙΟΥ

100 παρακμιακά και επιεικής επιδόρπια

**Δάφνη Μεταξά**

# Ολα τα δικαιώματα διατηρούνται.

## Αποποίηση ευθυνών

Οι πληροφορίες που περιέχονται σε αυτό το eBook προορίζονται να

χρησιμεύουν ως μια ολοκληρωμένη συλλογή στρατηγικών για τις οποίες ο συγγραφέας αυτού του eBook έχει κάνει έρευνα.

Περιλήψεις, στρατηγικές, συμβουλές και κόλπα είναι μόνο

σύσταση του συγγραφέα και η ανάγνωση αυτού του eBook δεν εγγυάται ότι τα αποτελέσματα θα αντικατοπτρίζουν ακριβώς τα αποτελέσματα του συγγραφέα. Ο συγγραφέας του eBook έχει καταβάλει όλες τις εύλογες προσπάθειες για να παρέχει τρέχουσες και ακριβείς πληροφορίες στους αναγνώστες του eBook.

Ο συγγραφέας και οι συνεργάτες του δεν θα θεωρηθούν υπεύθυνοι για τυχόν ακούσια λάθη ή παραλείψεις που ενδέχεται να εντοπιστούν. Το υλικό στο eBook μπορεί να περιλαμβάνει πληροφορίες από τρίτα μέρη. Τα υλικά τρίτων αποτελούνται από απόψεις που εκφράζονται από τους ιδιοκτήτες τους. Ως εκ τούτου, ο συγγραφέας του eBook δεν αναλαμβάνει καμία ευθύνη ή ευθύνη για οποιοδήποτε υλικό ή απόψεις τρίτων. Είτε λόγω της προόδου του Διαδικτύου είτε λόγω των απρόβλεπτων αλλαγών στην πολιτική της εταιρείας και τις κατευθυντήριες γραμμές υποβολής σύνταξης, ό,τι αναφέρεται ως γεγονός τη στιγμή της συγγραφής αυτής μπορεί να καταστεί παρωχημένο ή ανεφάρμοστο αργότερα.

# ΠΙΝΑΚΑΣ ΠΕΡΙΕΧΟΜΕΝΩΝ

# ΕΙΣΑΓΩΓΗ

Τα επιδόρπια του Νότου είναι γνωστά για την απολαυστική γλυκύτητα και τις ανακουφιστικές τους γεύσεις. Συχνά περιέχουν συστατικά όπως πεκάν, γλυκοπατάτες, ροδάκινα και μελάσα που αντικατοπτρίζουν την πλούσια γεωργική κληρονομιά των νότιων Ηνωμένων Πολιτειών. Αυτά τα επιδόρπια απολαμβάνονται συχνά μετά από ένα πλούσιο γεύμα και είναι ένας δημοφιλής τρόπος για να κλείσετε μια συγκέντρωση φίλων και οικογένειας.

Μερικά κλασικά επιδόρπια του Νότου περιλαμβάνουν πίτα με πεκάν, τσαγκάρη ροδάκινου, πουτίγκα μπανάνας και κέικ κόκκινο βελούδο. Πολλά από αυτά τα επιδόρπια έχουν περάσει από γενιά σε γενιά και έχουν γίνει αγαπημένα προϊόντα της νότιας κουζίνας.

Τα τελευταία χρόνια, έχει αναζωπυρωθεί το ενδιαφέρον για τα επιδόρπια του Νότου, καθώς οι σεφ και οι σπιτικοί μάγειρες πειραματίζονται με νέα υλικά και τεχνικές διατηρώντας παράλληλα τις κλασικές νότιες γεύσεις.

# 1. All Star Ice Cream Sandwiches

Σερβίρισμα: 4 μερίδες. | Προετοιμασία: 10 λεπτά | Μαγείρεμα: 5 λεπτά | Έτοιμο σε:

## Συστατικά

1/2 φλιτζάνι παγωτό με ζύμη μπισκότων σοκολάτας, μαλακωμένο
8 μπισκότα Oreo
6 ουγγιές επικάλυψη καραμέλας σοκολάτας γάλακτος, λιωμένη
Κόκκινο, λευκό και μπλε πασπαλίζει

## Κατεύθυνση

Ρίξτε τη μπάλα στα μισά μπισκότα με 2 κ.σ. παγωτό και μετά βάζετε από πάνω τα μπισκότα που περισσεύουν. Περάστε από πάνω με λιωμένη επικάλυψη και, στη συνέχεια, χρησιμοποιήστε ψεκασμούς για να γαρνίρετε. Παγώνουμε σε ταψί για τουλάχιστον μία ώρα.

## Διατροφικές Πληροφορίες

Θερμίδες:
Χοληστερίνη:
Πρωτεΐνη:
Ολικό λίπος:
Νάτριο:
Ίνα:
Συνολικοί Υδατάνθρακες:

## 2. Κρεμόπιτα μήλου

Μερίδα: 8 | Προετοιμασία: 25 λεπτά | Μαγείρεμα: 35 λεπτά | Έτοιμο σε:

## Συστατικά
4 φλιτζάνια μήλα κομμένα σε λεπτές φέτες
1 φλιτζάνι λευκή ζάχαρη
2 κουταλιές της σούπας αλεύρι για όλες τις χρήσεις
1 κουταλάκι του γλυκού αλεσμένο μοσχοκάρυδο
2 κουταλάκια του γλυκού αλεσμένη κανέλα
4 κουταλιές της σούπας βούτυρο
2 φλιτζάνια μισό-μισό
1 ζύμη συνταγής για πίτα μονής κρούστας 9 ιντσών

## Κατεύθυνση
Ρυθμίστε πάνω από δύο 190 ° C (375 ° F) και ξεκινήστε την προθέρμανση.

Τοποθέτηση μήλων σε κρούστα πίτας. Συνδυάστε την κανέλα, το μοσχοκάρυδο, το αλεύρι και τη ζάχαρη. Διασκορπίστε στη στρώση μήλου.

Ζεσταίνουμε το βούτυρο μέχρι να λιώσει και ανακατεύουμε σε κρέμα. απλώνεται στα μήλα.

Ψήνουμε στους 190 ° C (375 ° F) για 35 λεπτά, μέχρι το κέλυφος να πάρει χρυσαφί χρώμα, οι φυσαλίδες και τα μήλα να γίνουν μαλακά. Ψύξτε ελαφρά μέχρι να φτάσει σε θερμοκρασία δωματίου. κρυώνουμε στο ψυγείο για να σταθεροποιηθεί η γέμιση.

## Διατροφικές Πληροφορίες
Θερμίδες: 383 Θερμίδες;
Χοληστερίνη: 38

Πρωτεΐνη: 3,6
Ολικό λίπος: 20,5
Νάτριο: 183
Ολικοί Υδατάνθρακες: 48,6

## 3. Ζυμαρικά μήλων με τη σάλτσα

Σερβίρισμα: 8 μερίδες. | Προετοιμασία: 60 λεπτά | Μαγείρεμα: 50 λεπτά | Έτοιμο σε:

## Συστατικά

3 φλιτζάνια αλεύρι για όλες τις χρήσεις
1 κουταλάκι του γλυκού αλάτι
1 φλιτζάνι λίτρου
1/3 φλιτζάνι κρύο νερό
8 μέτρια μήλα τάρτας, καθαρισμένα και καθαρισμένα
8 κουταλάκια του γλυκού βούτυρο
9 κουταλάκια του γλυκού κανέλα-ζάχαρη, χωρισμένα
ΣΑΛΤΣΑ:
1-1/2 φλιτζάνια μαύρη ζάχαρη συσκευασμένη
1 φλιτζάνι νερό
1/2 φλιτζάνι βούτυρο, κομμένο σε κύβους

## Κατεύθυνση

Ανακατεύουμε το αλάτι και το αλεύρι μαζί σε ένα μεγάλο μπολ και μετά τα κόβουμε σε φέτες μέχρι να γίνουν εύθρυπτα. Ρίξτε σταδιακά στο νερό και ανακατέψτε με ένα πιρούνι μέχρι να σχηματιστεί μια μπάλα ζύμης. Χωρίστε τη ζύμη σε 8 μέρη, στη συνέχεια σκεπάστε και κρυώστε μέχρι να τη χειριστείτε εύκολα, για τουλάχιστον μισή ώρα.

Ρυθμίστε το φούρνο στους 350 βαθμούς και απλώστε κάθε μερίδα ζύμης ανάμεσα σε 2 φύλλα κερωμένου χαρτιού που έχουν επικαλυφθεί ελαφρά με αλεύρι, σε ένα τετράγωνο 7 ιντσών. Βάλτε 1 μήλο σε κάθε τετράγωνο και μετά βάλτε 1 κουταλάκι του γλυκού βούτυρο και κανέλα-ζάχαρη στη μέση κάθε μήλου. Συγκεντρώστε απαλά τις γωνίες της ζύμης σε κάθε κέντρο ενώ κόβετε τυχόν περίσσεια και μετά πιέστε τις άκρες για να σφραγιστούν. Κόψτε τα φύλλα και τους μίσχους μήλου από τα υπολείμματα ζύμης, αν θέλετε, χρησιμοποιήστε νερό για να τα στερεώσετε στα ζυμαρικά. Βάλτε σε ένα ταψί 13 ιντσών x 9 ιντσών στρωμένο με λαδόκολλα και χρησιμοποιήστε την υπόλοιπη κανέλα-ζάχαρη για να πασπαλίσετε από πάνω.

Ανακατεύουμε τα υλικά της σάλτσας μαζί σε μια μεγάλη κατσαρόλα. Αφήστε να πάρει μια βράση ανακατεύοντας μέχρι να ομογενοποιηθούν και στη συνέχεια περιχύστε τα μήλα.

Ψήστε μέχρι η ζύμη να πάρει χρυσαφί χρώμα και τα μήλα να μαλακώσουν, περίπου 50 με 55 λεπτά, ενώ περιχύνετε κατά διαστήματα με τη σάλτσα που περίσσεψε. Σερβίρετε ζεστό.

## Διατροφικές Πληροφορίες
Θερμίδες: 760 θερμίδες
Πρωτεΐνη: 5g πρωτεΐνη.
Ολικά λιπαρά: 40 g λιπαρά (16 g κορεσμένα λιπαρά)
Νάτριο: 466 mg νατρίου
Φυτικές ίνες: 3g φυτικές ίνες)
Ολικοί υδατάνθρακες: 97 g υδατάνθρακες (59 g σάκχαρα
Χοληστερόλη: 41 mg χοληστερόλης

# 4. Σφολιάτα λεμονιού μήλου

Σερβίρισμα: 1 μερίδα. | Προετοιμασία: 20 λεπτά | Μαγείρεμα: 15 λεπτά | Έτοιμο σε:

## Συστατικά
1-1/2 κουταλάκι του γλυκού βούτυρο
1 μικρό μήλο, ξεφλουδισμένο, ξεφλουδισμένο και κομμένο σε ροδέλες
6 κουταλάκια του γλυκού ζάχαρη, χωρισμένα
1 μεγάλο αυγό χωρισμένο
1/2 κουταλάκι του γλυκού τριμμένο ξύσμα λεμονιού
1/4 κουταλάκι του γλυκού εκχύλισμα βανίλιας
1/2 κουταλάκι του γλυκού αλεύρι για όλες τις χρήσεις

## Κατεύθυνση
Σε ένα τηγάνι λιώνουμε το βούτυρο σε μέτρια φωτιά. Προσθέστε δαχτυλίδια μήλου. πασπαλίζουμε από πάνω 2 κουταλάκια του γλυκού ζάχαρη. Μαγειρέψτε μέχρι να μαλακώσουν, αναποδογυρίζοντας για 1 ώρα. Χτυπάμε τη βανίλια, το ξύσμα λεμονιού και τον κρόκο αυγού μαζί σε ένα μπολ για 1 λεπτό. Χτυπάμε το ασπράδι σε ένα ξεχωριστό μπολ μέχρι να σχηματιστούν σφιχτές κορυφές. ρίχνουμε την υπόλοιπη ζάχαρη και το αλεύρι. Διπλώνουμε μέσα στο μείγμα των κρόκων αυγού. Σε ένα ταψί 2 φλιτζανιών με ελαφρά λαδόκολλα, βάζετε τις ροδέλες μήλου. Γεμίστε με το μείγμα των αυγών απλώνοντας. Ψήνουμε στους 350° μέχρι να ροδίσουν και να ροδίσουν ή για 15-18 λεπτά. Γυρίστε σε ένα πιάτο σερβιρίσματος ανάποδα.

## Διατροφικές Πληροφορίες

Θερμίδες: 292 θερμίδες

Νάτριο: 121 mg νατρίου

Φυτικές ίνες: 3g φυτικές ίνες)

Συνολικοί Υδατάνθρακες: 43g υδατάνθρακες (38g σάκχαρα

Χοληστερόλη: 228 mg χοληστερόλης

Πρωτεΐνη: 7g πρωτεΐνη.

Ολικά λιπαρά: 11g λιπαρά (5g κορεσμένα λιπαρά)

# 5. Apple Raspberry Crisp

Σερβίρισμα: 12 μερίδες. | Προετοιμασία: 35 λεπτά | Μαγείρεμα: 40 λεπτά | Έτοιμο σε:

## Συστατικά

10 φλιτζάνια τάρτα μήλα κομμένα σε λεπτές φέτες (περίπου 10 μέτρια)
4 φλιτζάνια φρέσκα σμέουρα
1/3 φλιτζάνι ζάχαρη
3 κουταλιές της σούπας συν 3/4 του φλιτζανιού αλεύρι για όλες τις χρήσεις, χωρισμένο
1-1/2 φλιτζάνι βρώμη ντεμοντέ
1 φλιτζάνι συσκευασμένη καστανή ζάχαρη
3/4 φλιτζανιού αλεύρι ολικής αλέσεως
3/4 φλιτζανιού βούτυρο κρύο

## Κατεύθυνση

Σε ένα μεγάλο μπολ βάζουμε τα σμέουρα και τα μήλα. Βάλτε μέσα 3 κουταλιές της σούπας αλεύρι για όλες τις χρήσεις και τη ζάχαρη. ανακατεύουμε ελαφρά για να επικαλυφθεί. Προσθέστε σε ένα λαδωμένο 13x9-in. ταψί.

Ανακατεύουμε το υπόλοιπο αλεύρι για όλες τις χρήσεις, το αλεύρι ολικής αλέσεως, την καστανή ζάχαρη και τη βρώμη σε ένα μικρό μπολ. Πολτοποιήστε το βούτυρο μέχρι να γίνει εύθρυπτο. σκορπίστε από πάνω (το πιάτο θα είναι γεμάτο).

Ψήνουμε στους 350°, χωρίς καπάκι, για 40-50 λεπτά ή μέχρι να ροδίσει η επικάλυψη και να αφρίσει η γέμιση. Σερβίρετε όσο είναι ζεστό.

## Διατροφικές Πληροφορίες

Θερμίδες: 353 θερμίδες

Νάτριο: 89 mg νατρίου

Φυτικές ίνες: 6g φυτικές ίνες)

Συνολικοί Υδατάνθρακες: 59g υδατάνθρακες (35g σάκχαρα

Χοληστερόλη: 30 mg χοληστερόλης

Πρωτεΐνη: 4g πρωτεΐνη.

Ολικά λιπαρά: 13g λιπαρά (7g κορεσμένα λιπαρά)

# 6. Ημισέληνο καρυδιάς μήλου

Σερβίρισμα: 16 μερίδες. | Προετοιμασία: 15 λεπτά | Μαγείρεμα: 20 λεπτά | Έτοιμο σε:

## Συστατικά

2 συσκευασίες (8 ουγγιές το καθένα) μισοφέγγαρα ρολά ψυγείου
1/4 φλιτζάνι ζάχαρη
1 κουταλιά της σούπας αλεσμένη κανέλα
4 μέτρια μήλα τάρτας, ξεφλουδισμένα και κομμένα στα τέσσερα
1/4 φλιτζανιού καρύδια ψιλοκομμένα
1/4 φλιτζάνι σταφίδες, προαιρετικά
1/4 φλιτζάνι βούτυρο, λιωμένο

## Κατεύθυνση

Ετοιμάζουμε το φούρνο προθερμαίνοντας στους 375 βαθμούς Φ. Ξεδιπλώνουμε μια ζύμη σε ρολό μισοφέγγαρου και τη χωρίζουμε σε 16 τρίγωνα. Ανακατέψτε κανέλα και ζάχαρη. περιχύστε περίπου 1/2 κουταλάκι του γλυκού σε κάθε τρίγωνο. Βάζουμε ένα τέταρτο μήλου κοντά στη κοντή πλευρά και τυλίγουμε σε ρολό. Στη συνέχεια βάζουμε σε ταψί 15x10x1 που έχουμε λαδώσει. Αν θέλετε, βάζετε τις σταφίδες και τα καρύδια στην κορυφή της ζύμης. Πασπαλίζουμε με βούτυρο. Περιχύστε με την υπόλοιπη κανέλα-ζάχαρη. Τοποθετούμε στον προθερμασμένο φούρνο και ψήνουμε για 20-24 λεπτά ή μέχρι να ροδίσουν. Σερβίρετε ζεστό.

## Διατροφικές Πληροφορίες

Θερμίδες: 177 Θερμίδες

Νάτριο: 243 mg νατρίου

Φυτικές ίνες: 1g φυτικές ίνες)

Συνολικοί Υδατάνθρακες: 19g υδατάνθρακες (9g σάκχαρα

Χοληστερόλη: 8 mg χοληστερόλης

Πρωτεΐνη: 2g πρωτεΐνη.

Ολικά λιπαρά: 10 g λιπαρά (3 g κορεσμένα λιπαρά)

## 7. Κουλουράκι με μούρα βερίκοκου

Σερβίρισμα: 2 μερίδες. | Προετοιμασία: 15 λεπτά | Μαγείρεμα: 0 λεπτά | Έτοιμο σε:

## Συστατικά
1 φλιτζάνι φρέσκα σμέουρα ή/και βατόμουρα
1 κουταλιά της σούπας ζάχαρη
Παύλα αλεσμένο μοσχοκάρυδο
1/4 φλιτζάνι μαρμελάδα βερίκοκο
1 κουταλάκι του γλυκού βούτυρο
Παύλα αλάτι
2 ατομικά στρογγυλά παντεσπάνια
Σαντιγύ

## Κατεύθυνση
Ανακατέψτε το μοσχοκάρυδο, τη ζάχαρη και τα μούρα σε ένα μικρό μπολ. κάλυμμα. Βάζουμε στο ψυγείο για μια ώρα.

Ανακατεύουμε και βράζουμε το αλάτι, το βούτυρο και τη μαρμελάδα σε μια μικρή κατσαρόλα σε χαμηλή φωτιά μέχρι να λιώσει το βούτυρο. Ζεστό παντεσπάνι στο φούρνο μικροκυμάτων για 20 δευτερόλεπτα σε υψηλή θερμοκρασία. βάζετε σε πιάτα σερβιρίσματος. Βάλτε το μείγμα μούρων από πάνω. περιχύστε τη σάλτσα βερίκοκου. Βάζουμε από πάνω μια κούκλα σαντιγί.


## Διατροφικές Πληροφορίες
Θερμίδες: 253 θερμίδες
Ολικοί υδατάνθρακες: 54 g υδατάνθρακες (32 g σάκχαρα

Χοληστερόλη: 33 mg χοληστερόλης

Πρωτεΐνη: 2g πρωτεΐνη.

Ολικά λιπαρά: 4 g λιπαρά (2 g κορεσμένα λιπαρά)

Νάτριο: 283 mg νατρίου

Φυτικές ίνες: 4g φυτικές ίνες)

## 8. Φοντάν με φυστικοβούτυρο

Μερίδα: 3 κιλά. | Προετοιμασία: 20 λεπτά | Μαγείρεμα: 5 λεπτά | Έτοιμο σε:

## Συστατικά

1 κουταλάκι του γλυκού συν 1/2 φλιτζάνι βούτυρο, χωρισμένο
1 φλιτζάνι χοντρό φυστικοβούτυρο
1 συσκευασία (8 ουγγιές) τυρί επεξεργασίας (Velveeta), σε κύβους
1 συσκευασία (2 λίβρες) ζάχαρη ζαχαροπλαστικής
1-1/2 κουταλάκι του γλυκού εκχύλισμα βανίλιας

## Κατεύθυνση

Χρησιμοποιήστε αλουμινόχαρτο για να στρώσετε ένα ταψί 13 ιντσών x 9 ιντσών και βουτυρώστε το αλουμινόχαρτο με 1 κουταλάκι του γλυκού βούτυρο. άσε στην άκρη.

Ανακατεύουμε το υπόλοιπο βούτυρο, το τυρί και το φυστικοβούτυρο σε μια μεγάλη βαριά κατσαρόλα. Μαγειρέψτε και ανακατέψτε σε μέτρια φωτιά μέχρι να λιώσει. Απογειώστε από τη φωτιά. Ανακατεύουμε σταδιακά τη βανίλια και τη ζάχαρη ζαχαροπλαστικής μέχρι να ενωθούν (το μείγμα θα είναι πηχτό).

Σκορπίζουμε σε στρωμένο ταψί. Αφήνουμε στο ψυγείο για 2 ώρες ή μέχρι να σφίξει.

Βγάλτε το φοντάν από το τηγάνι χρησιμοποιώντας αλουμινόχαρτο. Πέτα αλουμινόχαρτο? κόψτε το φοντάν σε τετράγωνα 1 ίντσας. Βάλτε σε αεροστεγές δοχείο για αποθήκευση στο ψυγείο.

**Διατροφικές Πληροφορίες**

Θερμίδες: 69 θερμίδες

Ολικοί υδατάνθρακες: 10 g υδατάνθρακες (9 g σάκχαρα

Χοληστερόλη: 5 mg χοληστερόλης

Πρωτεΐνη: 1g πρωτεΐνη. Διαβητικές Ανταλλαγές: 1/2 άμυλο

Ολικά λιπαρά: 3g λιπαρά (1g κορεσμένα λιπαρά)

Νάτριο: 50 mg νατρίου

Φυτικές ίνες: 0 φυτικές ίνες)

## 9. Κουλουράκι με χωρισμένη μπανάνα

Μερίδα: 4 μερίδες | Προετοιμασία: 10 λεπτά | Μαγείρεμα: 0 λεπτά | Έτοιμο σε:

## Συστατικά
8 φέτες κέικ (πάχος 1/2 ίντσας) ή 4 ατομικά στρογγυλά παντεσπάνια
2 μέτριες μπανάνες, κομμένες σε φέτες 1/4 ίντσας 4 μεζούρες παγωτό βανίλια 1/4 φλιτζάνι σάλτσα σοκολάτας

## Κατεύθυνση
Βάλτε φέτες κέικ σε τέσσερα ατομικά πιάτα. Συμπληρώστε με παγωτό και μπανάνες. Γαρνίρουμε με σάλτσα σοκολάτας.

## Διατροφικές Πληροφορίες
Θερμίδες:
Νάτριο:
Ίνα:
Συνολικοί Υδατάνθρακες:
Χοληστερίνη:
Πρωτεΐνη:
Ολικό λίπος:

## 10.     <u>Μπέρι Μπλε σκάει</u>

Σερβίρισμα: 18 ποπ. | Προετοιμασία: 25 λεπτά |
Μαγείρεμα: 0 λεπτά | Έτοιμο σε:

## Συστατικά

6 κουταλιές της σούπας μούρο μπλε ζελατίνη
1 φλιτζάνι ζάχαρη μοιρασμένη
2 φλιτζάνια βραστό νερό, χωρισμένα
2 φλιτζάνια κρύο νερό, χωρισμένα
6 κουταλιές της σούπας ζελατίνη φράουλα
18 ποπ καλούπια κατάψυξης ή 18 χάρτινα ποτήρια (3 ουγγιές το καθένα) και ξύλινα ποπ μπαστούνια

## Κατεύθυνση

Λιώστε 1/2 φλιτζάνι ζάχαρη και μούρο μπλε σκόνη ζελατίνης σε 1 φλιτζάνι βραστό νερό σε μικρό μπολ. Ανακατέψτε 1 φλιτζάνι κρύο νερό. Λιώστε την υπόλοιπη ζάχαρη και τη σκόνη ζελατίνης φράουλας σε βραστό νερό που περίσσεψε σε ένα διαφορετικό μπολ. Ανακατέψτε το υπόλοιπο κρύο νερό.

Ανακατέψτε 1/2 μείγμα ζελατίνης φράουλας και 1/2 μείγμα ζελατίνης μπλε μούρων σε μικρό μπολ. Τα βάζουμε όλα στην κατάψυξη μέχρι να λερώσουν ή για 1 3/4-2 ώρα. Ανακατέψτε 3 χρώματα όπως θέλετε σε ένα μεγάλο μπολ. Γεμίστε κάθε φλιτζάνι/καλούπι με 1/4 φλιτζάνι μείγμα ζελατίνης. Βάλτε θήκες από πάνω. Για φλιτζάνια (εάν χρησιμοποιούνται), βάλτε αλουμινόχαρτο και περάστε τα μπαστουνάκια μέσα από αλουμινόχαρτο. Παγώνουμε μέχρι να σφίξει.

## Διατροφικές Πληροφορίες

Θερμίδες: 77 θερμίδες

Νάτριο: 21 mg νατρίου

Φυτικές ίνες: 0 φυτικές ίνες)

Συνολικοί Υδατάνθρακες: 19g υδατάνθρακες (19g σάκχαρα

Χοληστερόλη: 0 χοληστερόλη

Πρωτεΐνη: 1g πρωτεΐνη. Διαβητικές ανταλλαγές: 1 άμυλο.

Ολικά λιπαρά: 0 λιπαρά (0 κορεσμένα λιπαρά)

# 11. <u>Σερμπέ μαύρου κερασιού</u>

Μερίδα: 2-1/2 λίτρα. | Προετοιμασία: 25 λεπτά | Μαγείρεμα: 20 λεπτά | Έτοιμο σε:

## Συστατικά
4 φλιτζάνια φρέσκα ή κατεψυγμένα σκούρα γλυκά κεράσια χωρίς κουκούτσι, αποψυγμένα
1 φλιτζάνι ζάχαρη
2 λίτρα σόδα μαύρο κεράσι, παγωμένη
1 κουτί (14 ουγκιές) ζαχαρούχο γάλα
1 φλιτζάνι (6 ουγκιές) μικροσκοπικά ημίγλυκα κομματάκια σοκολάτας

## Κατεύθυνση
Σε μια μεγάλη κατσαρόλα βράζουμε τα κεράσια και τη ζάχαρη σε μέτρια φωτιά μέχρι να πήξουν ελαφρώς για περίπου 15 λεπτά, ανακατεύοντας κάθε τόσο. Προσθέστε σε ένα μεγάλο μπολ? αφήστε το να κρυώσει σε θερμοκρασία δωματίου. Βάζουμε στο ψυγείο μέχρι να παγώσει.

Ανακατέψτε τη σόδα, το γάλα και τα κομματάκια σοκολάτας στο μείγμα. Γεμίστε το μείγμα στον κύλινδρο της κατάψυξης παγωτού μέχρι να γεμίσει τα δύο τρίτα. παγώστε ακολουθώντας τις οδηγίες του κατασκευαστή. (Ψύξτε το υπόλοιπο μείγμα μέχρι να παγώσει.) Προσθέστε το παγωτό σε δοχεία κατάψυξης, αφήστε ελεύθερο χώρο για επέκταση. Παγώνουμε μέχρι να σφίξει για 2-4 ώρες. Επαναλάβετε τη διαδικασία με το υπόλοιπο μείγμα παγωτού.

**Διατροφικές Πληροφορίες**
Θερμίδες: 213 θερμίδες
Φυτικές ίνες: 1g φυτικές ίνες)
Συνολικοί Υδατάνθρακες: 43g υδατάνθρακες (41g σάκχαρα
Χοληστερόλη: 7 mg χοληστερόλης
Πρωτεΐνη: 2g πρωτεΐνη.
Ολικά λιπαρά: 5 g λιπαρά (3 g κορεσμένα λιπαρά)
Νάτριο: 39 mg νατρίου

## 12.   Blackberry Topped Παντεσπάνι

Σερβίρισμα: 6 μερίδες. | Προετοιμασία: 10 λεπτά | Μαγείρεμα: 15 λεπτά | Έτοιμο σε:

## Συστατικά
6 ατομικά στρογγυλά παντεσπάνια
4 φλιτζάνια φρέσκα βατόμουρα
1/4 φλιτζάνι κονιάκ βατόμουρου
1-1/4 κουταλάκι του γλυκού ζάχαρη
Κρέμα σαντιγί, προαιρετικά

## Κατεύθυνση
Βάζουμε τα παντεσπάνια σε πιατέλες σερβιρίσματος. Τοποθετήστε τρία βατόμουρα από πάνω. Ανακατέψτε τα υπόλοιπα βατόμουρα χρησιμοποιώντας έναν επεξεργαστή τροφίμων. ανακατεύουμε μέχρι να γίνει πουρές. Φιλτράρετε για να αφαιρέσετε τον πολτό και τους σπόρους. Ρίχνουμε τον πουρέ σε μια μικρή κατσαρόλα. Ανακατεύουμε με τη ζάχαρη και το κονιάκ ανακατεύοντας. Αφήνουμε να βράσει και συνεχίζουμε το μαγείρεμα μέχρι να εξατμιστούν τα μισά υγρά, ανακατεύοντας περιοδικά. Ρίξτε το πάνω από τα μούρα. Αν προτιμάτε, χρησιμοποιήστε σαν επικάλυψη σαντιγί.

## 13.    <u>Μηλόπιτα μπλε κορδέλας</u>

Σερβίρισμα: 8 μερίδες. | Προετοιμασία: 45 λεπτά | Μαγείρεμα: 55 λεπτά | Έτοιμο σε:

## Συστατικά
Ζύμη για πίτα διπλής κρούστας (9 ίντσες)
ΣΤΡΩΣΗ ΚΑΡΥΔΙΑΣ:
3/4 φλιτζανιού αλεσμένα καρύδια
2 κουταλιές της σούπας καστανή ζάχαρη
2 κουταλιές της σούπας ελαφρά χτυπημένο αυγό
1 κουταλιά της σούπας βούτυρο, λιωμένο
1 κουταλιά της σούπας γάλα 2%.
1/4 κουταλάκι του γλυκού χυμό λεμονιού
1/4 κουταλάκι του γλυκού εκχύλισμα βανίλιας
ΠΛΗΡΩΣΗ:
6 φλιτζάνια τάρτα μήλα καθαρισμένα σε φέτες (4-5 μέτρια)
2 κουταλάκια του γλυκού χυμό λεμονιού
1/2 κουταλάκι του γλυκού εκχύλισμα βανίλιας
3/4 φλιτζάνι ζάχαρη
3 κουταλιές της σούπας αλεύρι για όλες τις χρήσεις
1-1/4 κουταλάκι του γλυκού αλεσμένη κανέλα
1/4 κουταλάκι του γλυκού αλεσμένο μοσχοκάρυδο
1/8 κουταλάκι του γλυκού αλάτι
3 κουταλιές της σούπας βούτυρο, κομμένο σε κύβους
ΕΠΙΚΑΛΥΨΗ:
1 κουταλάκι του γλυκού γάλα 2%.
2 κουταλάκια του γλυκού ζάχαρη

## Κατεύθυνση

Ρυθμίστε πάνω στους 375 ° και ξεκινήστε την προθέρμανση. Μεταφέρετε τη ζύμη σε μια ελαφρώς αλευρωμένη επιφάνεια. Τυλίξτε τη μισή ζύμη σε κύκλο πάχους 1/8 ίντσας. Μετακινήστε τη ζύμη σε ρολό σε ένα πιάτο 9 ιντσών. Χρησιμοποιήστε το χείλος για να κόψετε ομοιόμορφα τη ζύμη.

Ανακατεύουμε τα υλικά της στρώσης καρυδιού μαζί μέχρι να ενωθούν καλά σε ένα μικρό μπολ. Προσθέστε το μείγμα στον πάτο του κελύφους της ζύμης και απλώστε το. Διατηρείτε στο ψυγείο όσο φτιάχνετε τη γέμιση.

Για να φτιάξετε τη γέμιση, ρίξτε τη βανίλια, το χυμό λεμονιού και τα μήλα μαζί σε ένα μεγάλο μπολ. Σε ένα μικρό μπολ ανακατεύουμε το αλάτι, το μοσχοκάρυδο, την κανέλα, το αλεύρι και τη ζάχαρη, τα προσθέτουμε στο μείγμα με τα μήλα και τα ανακατεύουμε να επικαλυφθούν.

Προσθέστε τη γέμιση πάνω από τη στρώση καρυδιού, βουτυρώστε από πάνω. Τυλίξτε την υπόλοιπη ζύμη ζαχαροπλαστικής σε κύκλο πάχους 1/8 ίντσας. Το βάζουμε πάνω από τη γέμιση. Κόψτε, σφραγίστε και διπλώστε τις άκρες. Βουρτσίστε το γάλα από πάνω, ρίξτε τη ζάχαρη από πάνω. Κόψτε τη ζύμη μερικές φορές.

Βάζουμε την πίτα σε ταψί. Τα βάζουμε στον προθερμασμένο φούρνο και αρχίζουμε το ψήσιμο μέχρι να ροδίσει η γέμιση και να ροδίσει η κρούστα ή για 55 με 65 λεπτά. Χρησιμοποιήστε αλουμινόχαρτο για να καλύψετε χαλαρά την άκρη για να αποφύγετε το υπερβολικό καφέ κατά τα τελευταία 10 λεπτά, εάν είναι απαραίτητο. Βγάλτε το αλουμινόχαρτο. Μεταφέρετε την πίτα σε μια σχάρα και αφήστε την να κρυώσει.

Διατροφικές Πληροφορίες

Θερμίδες: 611 Θερμίδες

Πρωτεΐνη: 6g πρωτεΐνη.

Ολικά λιπαρά: 36g λιπαρά (10g κορεσμένα λιπαρά)

Νάτριο: 234 mg νατρίου

Φυτικές ίνες: 3g φυτικές ίνες)

Συνολικοί Υδατάνθρακες: 67g υδατάνθρακες (33g σάκχαρα

Χοληστερόλη: 31 mg χοληστερόλης

## 14. Blueberry Apple Cobbler με κάλυμμα αμυγδάλου

Σερβίρισμα: 12 μερίδες. | Προετοιμασία: 25 λεπτά | Μαγείρεμα: 30 λεπτά | Έτοιμο σε:

## Συστατικά
2/3 φλιτζάνι ζάχαρη
3 κουταλιές της σούπας άμυλο καλαμποκιού
1/2 κουταλάκι του γλυκού αλεσμένη κανέλα
1/8 κουταλάκι του γλυκού αλεσμένο μοσχοκάρυδο
5 φλιτζάνια φρέσκα ή κατεψυγμένα βατόμουρα χωρίς ζάχαρη
1-1/4 φλιτζάνια τριμμένα ξεφλουδισμένα μήλα (περίπου 2 μέτρια)
2 κουταλιές της σούπας χυμό λεμονιού

## ΕΠΙΠΛΕΨΗ ΜΠΙΣΚΟΤΟΥ:
1-3/4 φλιτζάνια αλεύρι για όλες τις χρήσεις
1/4 φλιτζάνι ζάχαρη
3 κουταλάκια του γλυκού μπέικιν πάουντερ
1/2 κουταλάκι του γλυκού αλάτι
1/2 φλιτζάνι βούτυρο κρύο, κομμένο σε κύβους
1/2 φλιτζάνι μισή-μισή κρέμα
1/2 φλιτζάνι απλό γιαούρτι
1 κουταλάκι του γλυκού εκχύλισμα βανίλιας

## ΘΥΜΑ ΑΜΥΓΔΑΛΟΥ:
1/2 φλιτζάνι αμύγδαλα κομμένα σε φέτες, χοντροκομμένα 1/3 φλιτζάνι αλεύρι για όλες τις χρήσεις
1/3 φλιτζάνι μαύρη ζάχαρη συσκευασμένη
2 κουταλιές της σούπας κρύο βούτυρο

## Κατεύθυνση

Ρυθμίστε το φούρνο στους 375 βαθμούς για να προθερμανθεί. Ανακατεύουμε μαζί το μοσχοκάρυδο, την κανέλα, το καλαμποκάλευρο και τη ζάχαρη σε ένα μεγάλο μπολ. Βάλτε το χυμό λεμονιού, τα μήλα και τα βατόμουρα και στη συνέχεια ανακατέψτε. Γυρίστε σε ένα ταψί 13 ιντσών x 9 ιντσών στρωμένο με γράσο.

Για να φτιάξετε την επικάλυψη μπισκότου, συνδυάστε μαζί το αλάτι, το μπέικιν πάουντερ, τη ζάχαρη και το αλεύρι σε ένα μικρό μπολ και μετά κόψτε το βούτυρο μέχρι να γίνει εύθρυπτο. Χτυπάμε μαζί τη βανίλια, το γιαούρτι και την κρέμα γάλακτος και μετά ανακατεύουμε στο μείγμα του αλευριού μέχρι να υγρανθεί. Περιχύστε τα φρούτα με κουταλιές.

Για να κάνετε το αμύγδαλο να θρυμματιστεί, ανακατέψτε μαζί την καστανή ζάχαρη, το αλεύρι και τα αμύγδαλα σε ένα ξεχωριστό μπολ και, στη συνέχεια, κόψτε σε φέτες το βούτυρο μέχρι να γίνει θρυμματισμένο. Πασπαλίζουμε από πάνω το crumble.

Ψήνουμε μέχρι να ροδίσει η επικάλυψη και να γίνουν φυσαλίδες, περίπου 30 με 40 λεπτά. Αφήστε το να κρυώσει σε σχάρα για περίπου μισή ώρα πριν το σερβίρετε.

## Διατροφικές Πληροφορίες
Θερμίδες: 341 Θερμίδες

Φυτικές ίνες: 3g φυτικές ίνες)

Συνολικοί Υδατάνθρακες: 53g υδατάνθρακες (31g σάκχαρα

Χοληστερόλη: 31 mg χοληστερόλης

Πρωτεΐνη: 4g πρωτεΐνη.

Ολικά λιπαρά: 13g λιπαρά (7g κορεσμένα λιπαρά)

Νάτριο: 279 mg νατρίου

## 15.    Πίτα πεκάν σοκολάτας Bourbon

Μερίδα: 8 | Προετοιμασία: 20 λεπτά | Μαγείρεμα: 50 λεπτά | Έτοιμο σε:

## Συστατικά

1 φλιτζάνι μισά πεκάν
1 φλιτζάνι ελαφρύ σιρόπι καλαμποκιού
1 φλιτζάνι λευκή ζάχαρη
3 αυγά
1/4 φλιτζάνι ανάλατο βούτυρο, λιωμένο
1/4 φλιτζάνι μπέρμπον
1/2 κουταλάκι του γλυκού αλάτι
1/3 φλιτζάνι κομματάκια μαύρης σοκολάτας
1/3 φλιτζάνι κομματάκια σοκολάτας γάλακτος
1/3 φλιτζάνι κομματάκια λευκής σοκολάτας
1 ζύμη για κρούστα πίτας 9 ιντσών
2 κουταλάκια του γλυκού γάλα, ή όσο χρειάζεται

## Κατεύθυνση

Προθερμαίνουμε το φούρνο στους 190 ° C ή 375 ° Fahrenheit. Σε ένα ταψί απλώστε τα μισά πεκάν.

Ψήστε τα πεκάν για 6-10 λεπτά στον προθερμασμένο φούρνο μέχρι να αρωματιστούν και να ροδίσουν, ανακατεύετε από ώρα σε ώρα. Χοντροκόβουμε τα πεκάν. Σε ένα μεγάλο μπολ, χτυπήστε ελαφρά το αλάτι, το σιρόπι καλαμποκιού, το μπέρμπον, τη ζάχαρη, το λιωμένο βούτυρο και τα αυγά μαζί. Ανακατέψτε σε τσιπς λευκής σοκολάτας, πεκάν, τσιπς σοκολάτας γάλακτος και τσιπς μαύρης σοκολάτας.

Τοποθετήστε την κρούστα της πίτας σε μια γυάλινη πλάκα πίτας εννέα ιντσών με αυλακώσεις. ρίξτε γάλα σε όλη την κρούστα.

Ψήνετε την κρούστα της πίτας για 5-10 λεπτά στον προθερμασμένο φούρνο μέχρι να ζεσταθεί τελείως. Μεταφέρετε τη γέμιση πάνω από την ζεστή κρούστα.

Ψήνουμε για 45 λεπτά στον προθερμασμένο φούρνο μέχρι να σφίξει η μέση και να σφίξουν οι άκρες. Μετακινήστε σε μια σχάρα ψύξης για να κρυώσει για τουλάχιστον μία ώρα. Σερβίρισμα.

**Διατροφικές Πληροφορίες**
Θερμίδες: 631 θερμίδες;
Ολικό λίπος: 31,8
Νάτριο: 337
Ολικοί Υδατάνθρακες: 82,1
Χοληστερίνη: 89
Πρωτεΐνη: 6,4

## 16.　Bourbon Kissed Pecan Pie

Σερβίρισμα: 10 μερίδες. | Προετοιμασία: 25 λεπτά | Μαγείρεμα: 45 λεπτά | Έτοιμο σε:

## Συστατικά

Ζύμη για πίτα με μονή κρούστα (9 ίντσες)
3 αυγά
3/4 φλιτζάνι ζάχαρη
3/4 φλιτζάνι σκούρο σιρόπι καλαμποκιού
2 κουταλιές της σούπας βούτυρο, λιωμένο
1 κουταλιά της σούπας μπέρμπον
2 φλιτζάνια (12 ουγκιές) ημίγλυκα κομματάκια σοκολάτας
1 φλιτζάνι συν 3 κουταλιές της σούπας ζαχαρούχα τριμμένη καρύδα, χωρισμένη
1 φλιτζάνι πεκάν ψιλοκομμένα

## Κατεύθυνση

Προθερμαίνουμε το φούρνο στους 350°. Τυλίξτε τη ζύμη σε ένα γύρο πάχους 1/8 ίντσας σε μια ελαφρώς αλευρωμένη επιφάνεια. βάλτε σε ένα πιάτο πίτας μεγέθους 9 ιντσών. Κόψτε τη ζύμη σε μισή ίντσα έξω από το χείλος του πιάτου. φλάουτο την άκρη.

Χτυπάμε το μπέρμπον, το βούτυρο, το σιρόπι καλαμποκιού, τη ζάχαρη και τα αυγά σε ένα μεγάλο μπολ μέχρι να ενωθούν. Ανακατέψτε τα πεκάν, 1 φλιτζάνι καρύδα και κομματάκια σοκολάτας. Βάλτε στο κέλυφος της ζαχαροπλαστικής. σκορπίζουμε από πάνω την υπόλοιπη καρύδα.

Αφήστε το να ψηθεί για 45 με 50 λεπτά ή μέχρι να ροδίσει η καρύδα και να σφίξει η γέμιση. Αφήστε να κρυώσει σε μια σχάρα. σερβίρετε ή κρυώστε μέσα σε 2 ώρες.

**Διατροφικές Πληροφορίες**
Θερμίδες: 608 Θερμίδες
Φυτικές ίνες: 4g φυτικές ίνες)
Ολικοί υδατάνθρακες: 74 g υδατάνθρακες (57 g σάκχαρα
Χοληστερόλη: 78 mg χοληστερόλης
Πρωτεΐνη: 6g πρωτεΐνη.
Ολικά λιπαρά: 35g λιπαρά (17g κορεσμένα λιπαρά)
Νάτριο: 225 mg νατρίου

## 17. Ψωμί πουτίγκα για δύο

Σερβίρισμα: 2 μερίδες. | Προετοιμασία: 10 λεπτά | Μαγείρεμα: 40 λεπτά | Έτοιμο σε:

## Συστατικά
1-1/2 φλιτζάνια βουτυρωμένο ψωμί μιας ημέρας (2 φέτες)
2 αυγα
1 φλιτζάνι γάλα
1/4 φλιτζάνι ζάχαρη
1/4 κουταλάκι του γλυκού αλεσμένη κανέλα
1/8 κουταλάκι του γλυκού αλεσμένο μοσχοκάρυδο
Παύλα αλάτι

## Κατεύθυνση
Μοιράστε το ψωμί σε 2 8-oz. λαδωμένα πιάτα ψησίματος? άσε στην άκρη. Χτυπάμε το αλάτι, το μοσχοκάρυδο, την κανέλα, τη ζάχαρη, το γάλα και τα αυγά σε ένα μπολ. βάλτε πάνω από το ψωμί. Ψήνουμε για 40-45 λεπτά στους 350°, ακάλυπτα, μέχρι να μπει το μαχαίρι στη μέση να βγει καθαρή. Ελαφρώς δροσερό? σερβίρετε ζεστό.

## Διατροφικές Πληροφορίες
Θερμίδες: 318 θερμίδες
Συνολικοί Υδατάνθρακες: 45g υδατάνθρακες (32g σάκχαρα
Χοληστερόλη: 229 mg χοληστερόλης
Πρωτεΐνη: 12g πρωτεΐνη.
Ολικά λιπαρά: 10 g λιπαρά (4 g κορεσμένα λιπαρά)

Νάτριο: 338 mg νατρίου
Φυτικές ίνες: 1g φυτικές ίνες)

## 18.    <u>Πουτίγκα ψωμιού με σάλτσα πραλίνας</u>

Μερίδες: 16 | Προετοιμασία: 15 λεπτά | Μαγείρεμα: 1 ώρα 10 λεπτά | Έτοιμο σε:

## Συστατικά

1/4 φλιτζάνι βούτυρο, λιωμένο

2 φλιτζάνια μισό-μισό

2 φλιτζάνια γάλα

1 (1 λίβρα) φραντζόλα μαλακό γαλλικό ψωμί, κομμένο σε μικρά κομμάτια

3 αυγά ελαφρά χτυπημένα

3 φλιτζάνια λευκή ζάχαρη

4 κουταλάκια του γλυκού εκχύλισμα βανίλιας

1 1/2 κουταλάκι του γλυκού αλεσμένη κανέλα

1/4 φλιτζάνι σταφίδες, ή περισσότερες για γεύση (προαιρετικά)

1/2 κιλό ανάλατο βούτυρο

1 φλιτζάνι παχύρρευστη κρέμα

1 φλιτζάνι καστανή ζάχαρη

1/2 φλιτζάνι ψιλοκομμένα φρυγανισμένα πεκάν

## Κατεύθυνση

Ρυθμίστε το φούρνο στους 165 ° C ή 325 ° F για να προθερμανθεί. Χρησιμοποιήστε 1/4 φλιτζάνι λιωμένο βούτυρο για να καλύψετε ένα ταψί 9" x 13".

Ρίξτε γάλα και μισό μισό πάνω από το ψωμί σε ένα μεγάλο μπολ και αφήστε το να μουλιάσει για περίπου 10 λεπτά πριν το ανακατέψετε απαλά. Ανακατέψτε τα αυγά στο μείγμα του ψωμιού μέχρι να ομογενοποιηθούν. Βάλτε τη ζάχαρη, το εκχύλισμα βανίλιας, την κανέλα και τις σταφίδες, ακολουθώντας αυτή τη σειρά, ενώ ανακατεύετε καλά στο μείγμα μεταξύ των προσθηκών. Ρίξτε το μείγμα του ψωμιού στο έτοιμο ταψί.

Στον προθερμασμένο φούρνο ψήνουμε για 50 λεπτά, μέχρι το μείγμα του ψωμιού να γίνει σαν πουτίγκα και σφιχτό.

Σε μια βαριά κατσαρόλα, ανακατεύουμε την καστανή ζάχαρη, την παχύρρευστη κρέμα και

1/2 κιλό ανάλατο βούτυρο και στη συνέχεια φέρτε το μείγμα σε βρασμό. Χαμηλώστε τη φωτιά σε χαμηλή και ανακατέψτε τα πεκάν στο μείγμα κρέμας. Σιγοβράζουμε για 5 λεπτά, μέχρι να διαλυθεί η ζάχαρη και να πήξει η σάλτσα. Περιχύστε το μείγμα πάνω από την πουτίγκα ψωμιού και σερβίρετε.

## Διατροφικές Πληροφορίες
Θερμίδες: 540 θερμίδες;
Νάτριο: 329
Ολικοί Υδατάνθρακες: 68,2
Χοληστερίνη: 103
Πρωτεΐνη: 7.1
Ολικό λίπος: 27,8

## 19. <u>Επιδόρπιο ψητό ανανά</u>

Σερβίρισμα: Κάνει 8 μερίδες. | Προετοιμασία: 10 λεπτά | Μάγειρας: | Έτοιμο σε:

## Συστατικά
1 φρέσκος ανανάς, ξεφλουδισμένος
3 κ.σ. Σάλτσα KRAFT Lite Raspberry Vinaigrette
2 φλιτζάνια BREAKSTONE'S ή KNUDSEN 2% τυρί cottage με χαμηλά λιπαρά
1/2 φλιτζάνι σπόροι ροδιού

## Κατεύθυνση
Προθερμάνετε κοτόπουλα κρεατοπαραγωγής. Κόψτε τον ανανά σταυρωτά σε οκτώ φέτες και τοποθετήστε τον στη σχάρα του ταψιού για κρεατοπαραγωγής ή σε ένα ταψί ψησίματος 15 ιντσών x 10 ιντσών x1 ιντσών και, στη συνέχεια, περάστε το dressing ομοιόμορφα.
Ψήστε τον ανανά 3-4 ίντσες μακριά από την πηγή θερμότητας μέχρι να ζεσταθεί, περίπου 4-5 λεπτά.
Βγάζετε τον ανανά σε μια πιατέλα και βάζετε το τυρί cottage ομοιόμορφα από πάνω. Πασπαλίζουμε από πάνω τους σπόρους ροδιού.

## Διατροφικές Πληροφορίες
Θερμίδες: 90
Νάτριο: 250 mg
Ολικοί Υδατάνθρακες: 14 γρ
Χοληστερόλη: 5 mg
Πρωτεΐνη: 6 γρ

Κορεσμένα λιπαρά: 1 γρ
Φυτικές ίνες: 1 γρ
Ζάχαρη: 11 γρ
Ολικό λίπος: 2 γρ

## 20.    <u>**Brownie Toffee Trifle**</u>

Σερβίρισμα: 10-12 μερίδες. | Προετοιμασία: 45 λεπτά |
Μαγείρεμα: 0 λεπτά | Έτοιμο σε:

## Συστατικά

1 πακέτο μείγμα fudge brownie (13 ίντσες x 9 ίντσες
μέγεθος τηγανιού)
4 κουταλάκια του γλυκού κόκκοι στιγμιαίο καφέ
1/4 φλιτζάνι ζεστό νερό
1-3/4 φλιτζάνια κρύο γάλα
1 πακέτο (3,4 ουγκιές) στιγμιαίο μείγμα πουτίγκας
βανίλιας
2 φλιτζάνια χτυπημένη επικάλυψη
1 πακέτο (11 ουγκιές) βανίλια ή λευκά τσιπς ψησίματος
3 καραμέλες Heath (1,55 ουγγιές η καθεμία),
ψιλοκομμένες

## Κατεύθυνση

Ακολουθήστε τις οδηγίες της συσκευασίας για να
ετοιμάσετε και να ψήσετε τα μπράουνις. Δροσερός;
κόψτε σε 3/4 ίντσες. κύβους.

Λιώστε τους κόκκους καφέ σε ζεστό νερό. Χτυπάμε το
μείγμα πουτίγκας και το γάλα για 2 λεπτά σε χαμηλή
ταχύτητα σε ένα μεγάλο μπολ. χτυπήστε το μείγμα του
καφέ μέσα. Διπλώνουμε σε σαντιγί.

Στρώνουμε 1/2 κύβους μπράουνι, καραμέλες, τσιπς
βανίλιας και πουτίγκα σε 3-qt. μικροσκοπικό
ποτήρι/μπολ? επαναλάβετε τα στρώματα. Κάλυμμα;
βάζετε στο ψυγείο για τουλάχιστον 1 ώρα πριν το
σερβίρετε.

**Διατροφικές Πληροφορίες**

Θερμίδες: 440 θερμίδες

Νάτριο: 345 mg νατρίου

Φυτικές ίνες: 1g φυτικές ίνες)

Συνολικοί Υδατάνθρακες: 66g υδατάνθρακες (35g σάκχαρα

Χοληστερόλη: 12 mg χοληστερόλης

Πρωτεΐνη: 5g πρωτεΐνη.

Ολικά λιπαρά: 18 g λιπαρά (10 g κορεσμένα λιπαρά)

## 21.  Τούρτα αγγέλου Butterscotch

Σερβίρισμα: 8 μερίδες. | Προετοιμασία: 20 λεπτά | Μαγείρεμα: 5 λεπτά | Έτοιμο σε:

## Συστατικά
8 φέτες κέικ φαγητού αγγέλου
3/4 φλιτζανιού βούτυρο, λιωμένο, χωρισμένο
1 φλιτζάνι συσκευασμένη καστανή ζάχαρη, χωρισμένη
8 κουταλιές παγωτό βούτυρο τούβλο ή βούτυρο πεκάν
Επικάλυψη παγωτού Butterscotch

## Κατεύθυνση
Βάλτε τις φέτες του κέικ σε ένα ταψί που έχετε λαδώσει. Τα αλείφουμε με 6 κουταλιές της σούπας βούτυρο. Πιέστε μια κουταλιά της σούπας καστανή ζάχαρη στις φέτες. Τα ψήνουμε για 1-2 λεπτά, 5-6 ίντσες μακριά από την πηγή θερμότητας, μέχρι να αφρατέψουν.

Γυρίστε τις φέτες. Αλείφουμε με το υπόλοιπο βούτυρο πάνω τους με την υπόλοιπη καστανή ζάχαρη. Ψήνουμε για άλλα δύο λεπτά, μέχρι να αφρατέψει. Αφήστε τα να κρυώσουν για 2 με 3 λεπτά. Σερβίρεται καλύτερα με παγωτό. Από πάνω βάζουμε καραμέλα βουτύρου.

## Διατροφικές Πληροφορίες
Θερμίδες:
Χοληστερίνη:
Πρωτεΐνη:
Ολικό λίπος:
Νάτριο:

Ινα:
Συνολικοί Υδατάνθρακες:

## 22. <u>Κέικ σοκολάτας Butterscotch</u>

Μερίδες: 24 | Προετοιμασία: 10 λεπτά | Μαγείρεμα: 35 λεπτά | Έτοιμο σε:

## Συστατικά

1 (18,25 ουγκιές) πακέτο μείγμα κέικ σοκολάτας
1 (16 ουγκιές) βάζο επικάλυψη καραμέλας βουτύρου
1 (8 ουγκιές) δοχείο παγωμένη σαντιγί επικάλυψη, αποψυγμένη
3 (2,16 ουγκιές) μπάρες τραγανές καραμέλες με φυστικοβούτυρο καλυμμένες με σοκολάτα

## Κατεύθυνση

Προετοιμάστε και ψήστε το κέικ ακολουθώντας τις οδηγίες συσκευασίας, σε ταψί, διαστάσεων 9x13 ίντσες. Ψύξτε για μισή ώρα σε σχάρα. Τρυπήστε το ζεστό κέικ με μια ντουζίνα τρύπες χρησιμοποιώντας το άκρο της ξύλινης λαβής του κουταλιού.

Βάλτε το κάλυμμα με καραμέλα βουτύρου πάνω από το κέικ. Ψύξτε πλήρως. Αλείψτε την σαντιγί, σκορπίστε τις μπάρες καραμέλας. Ψύξτε για τουλάχιστον 2 ώρες πριν από το σερβίρισμα.

## Διατροφικές Πληροφορίες

Θερμίδες: 204 θερμίδες;
Ολικοί Υδατάνθρακες: 35,8
Χοληστερίνη: 1
Πρωτεΐνη: 2.1
Συνολικό Βάρος: 7,2
Νάτριο: 263

## 23.   Butterscotch Fudge

Μερίδες: 24 | Προετοιμασία: | Μαγείρεμα: 10 λεπτά |
Έτοιμο σε:

## Συστατικά
1 (14 ουγκιά) κουτί ζαχαρούχο γάλα
1 (11 ουγκιές) συσκευασία τσιπς καραμέλας βουτύρου
1/2 (11 ουγκιά) συσκευασία κομματάκια λευκής σοκολάτας
1 κουταλάκι του γλυκού εκχύλισμα με γεύση βούτυρο
1 κουταλάκι του γλυκού εκχύλισμα με γεύση ρούμι

## Κατεύθυνση
Ανακατεύετε συνεχώς κομματάκια λευκής σοκολάτας, τσιπς καραμέλας βουτύρου και συμπυκνωμένο γάλα σε μια μέτρια κατσαρόλα σε μέτρια φωτιά μέχρι να λιώσουν και να ομογενοποιηθούν. Απογειώστε τη θερμότητα. ανακατέψτε τα αρώματα ρούμι και το βούτυρο. Βάλτε 9x13-in. πιάτο. Κάλυμμα; βάζετε στο ψυγείο για 30 λεπτά μέχρι να σφίξει. Τομή; σερβίρισμα.

## Διατροφικές Πληροφορίες
Θερμίδες: 161 θερμίδες;
Συνολικό Βάρος: 7,3
Νάτριο: 41
Ολικοί Υδατάνθρακες: 20,7
Χοληστερίνη: 7
Πρωτεΐνη: 1,7

# 24.    <u>Μπισκότα με πλιγούρι βουτύρου</u>

Μερίδες: 48 | Προετοιμασία: 15 λεπτά | Μαγείρεμα: 12 λεπτά | Έτοιμο σε:

## Συστατικά

1 1/4 φλιτζάνι αλεύρι ολικής αλέσεως

1 κουταλάκι του γλυκού αλάτι

1/2 κουταλάκι του γλυκού μαγειρική σόδα

3/4 φλιτζανιού βούτυρο, μαλακωμένο

1 φλιτζάνι συσκευασμένη ανοιχτή καστανή ζάχαρη

3/4 φλιτζάνι αλεσμένος λιναρόσπορος

1/2 φλιτζάνι λευκή ζάχαρη

2 αυγα

2 κουταλάκια του γλυκού εκχύλισμα βανίλιας

3 φλιτζάνια βρώμη

2 (6 ουγκιές) συσκευασίες πατατάκια καραμέλας βουτύρου

## Κατεύθυνση

Προθερμάνετε το φούρνο στους 165 βαθμούς C (325 βαθμοί F).

Συνδυάστε τη σόδα, το αλάτι και το αλεύρι στο μπολ.

Χτυπήστε τη λευκή ζάχαρη, το λιναρόσπορο, την καστανή ζάχαρη και το βούτυρο χρησιμοποιώντας το ηλεκτρικό μίξερ στο μεγάλο μπολ μέχρι να ομογενοποιηθούν. Χτυπάμε σε 1 αυγό μέχρι να ενσωματωθεί πλήρως. Χτυπάμε στο τελικό αυγό με εκχύλισμα βανίλιας. Βάλτε το μείγμα με το αλεύρι και χτυπήστε μέχρι να ενσωματωθεί. Διπλώστε τα πατατάκια και τη βρώμη στη ζύμη τόσο ώστε να

77

ανακατευτούν ομοιόμορφα. ρίξτε με μια μεζούρα παγωτού/γεμίζοντας κουταλιές στα φύλλα ψησίματος. Ψήνουμε στον προθερμασμένο φούρνο για 12-14 λεπτά μέχρι να ροδίσουν. Αφήστε τα να κρυώσουν στα φύλλα ψησίματος για 3 λεπτά πριν τα βγάλετε στη σχάρα για να κρυώσουν εντελώς.

**Διατροφικές Πληροφορίες**
Θερμίδες: 137 Θερμίδες;
Συνολικό Βάρος: 6,5
Νάτριο: 95
Ολικοί Υδατάνθρακες: 17,5
Χοληστερίνη: 15
Πρωτεΐνη: 1,8

## 25.    <u>Κρεμόπιτα καραμέλας μήλου</u>

Σερβίρισμα: 8 μερίδες. | Προετοιμασία: 30 λεπτά | Μαγείρεμα: 35 λεπτά | Έτοιμο σε:

## Συστατικά
1 κέλυφος ζύμης (9 ίντσες)
1/4 φλιτζάνι βούτυρο, κομμένο σε κύβους
1/2 φλιτζάνι συσκευασμένη καστανή ζάχαρη
4 μέτρια μήλα τάρτας, καθαρισμένα και κομμένα σε κομμάτια 1/2 ίντσας
1-1/2 κουταλάκι του γλυκού μπαχαρικό κολοκυθόπιτας, χωρισμένο
1 με 2 κουταλιές της σούπας αλεύρι για όλες τις χρήσεις
1/2 φλιτζάνι επικάλυψη παγωτού καραμέλας
1/2 φλιτζάνι ψιλοκομμένα πεκάν
1 συσκευασία (8 ουγγιές) τυρί κρέμα, μαλακωμένο
1/4 φλιτζάνι ζάχαρη
1 μεγάλο αυγό
1 κουταλιά της σούπας χυμό λεμονιού
1 κουταλάκι του γλυκού εκχύλισμα βανίλιας
Κτυπημένη επικάλυψη

## Κατεύθυνση
Στρώνουμε το κέλυφος της ζαχαροπλαστικής χωρίς τσίμπημα με αλουμινόχαρτο βαρέως τύπου που έχει διπλό πάχος. Ψήνουμε σε φούρνο στους 450 βαθμούς για 8 λεπτά. Αφαιρέστε το αλουμινόχαρτο και ψήστε για άλλα 5 λεπτά και μετά ψύξτε σε σχάρα.
Σε ένα μεγάλο τηγάνι, λιώστε την καστανή ζάχαρη και το βούτυρο σε μέτρια φωτιά. Ανακατεύουμε μέσα 1

κουταλάκι του γλυκού μπαχαρικά για κολοκυθόπιτα και μήλα και σιγοβράζουμε, ανακατεύοντας συχνά, μέχρι να μαλακώσουν, περίπου 12-15 λεπτά.

Ρίξτε το αλεύρι και στη συνέχεια μαγειρέψτε ανακατεύοντας για 1 λεπτό. Περιχύνετε με την επικάλυψη καραμέλας πάνω από το κέλυφος και πασπαλίζετε με τα πεκάν, στη συνέχεια ρίχνετε το μείγμα μήλου πάνω από τα πεκάν και τα αφήνετε στην άκρη.

Σε ένα μεγάλο μπολ χτυπάμε μαζί τη βανίλια, το χυμό λεμονιού, το αυγό, τη ζάχαρη και το τυρί κρέμα μέχρι το μείγμα να γίνει λείο και μετά περιχύνουμε τα μήλα. Ψήνουμε στους 350 βαθμούς μέχρι ένα μαχαίρι που τοποθετούμε στη στρώση του τυριού κρέμα να γίνει καθαρό, περίπου 35-45 λεπτά.

Ψύξτε σε σχάρα και μετά ψύξτε τελείως. Συμπληρώστε με κουκλάκια από σαντιγί και πασπαλίστε με το υπόλοιπο μπαχαρικό για κολοκυθόπιτα για σερβίρισμα.

## Διατροφικές Πληροφορίες
Θερμίδες: 495 θερμίδες
Πρωτεΐνη: 5g πρωτεΐνη.
Ολικά λιπαρά: 29 g λιπαρά (13 g κορεσμένα λιπαρά)
Νάτριο: 327 mg νατρίου
Φυτικές ίνες: 2g φυτικές ίνες)
Ολικοί υδατάνθρακες: 57 g υδατάνθρακες (41 g σάκχαρα
Χοληστερόλη: 78 mg χοληστερόλης

# 26.    Στρούντελ μήλου καραμέλας

Σερβίρισμα: 8 μερίδες. | Προετοιμασία: 35 λεπτά | Μαγείρεμα: 25 λεπτά | Έτοιμο σε:

## Συστατικά

5 μέτρια μήλα, καθαρισμένα και ψιλοκομμένα (5 φλιτζάνια)

3/4 φλιτζανιού μηλίτη μήλου ή χυμό

1/4 φλιτζάνι ζάχαρη

1/2 κουταλάκι του γλυκού αλεσμένη κανέλα

1/4 κουταλάκι του γλυκού αλεσμένο μπαχάρι

1/4 κουταλάκι του γλυκού τριμμένο γαρύφαλλο

1 παγωμένο φύλλο σφολιάτας, ξεπαγωμένο

1/4 φλιτζάνι επικάλυψη παγωτού καραμέλας χωρίς λιπαρά

1 μεγάλο αυγό

1 κουταλιά της σούπας νερό

1 κουταλιά της σούπας χοντρή ζάχαρη

Ζαχαρωμένη σαντιγί και επιπλέον επικάλυψη παγωτού καραμέλας, προαιρετικά

## Κατεύθυνση

Ρυθμίστε πάνω από δύο 375°F για προθέρμανση. Ανακατεύουμε τα πρώτα 6 υλικά σε μια μεγάλη κατσαρόλα. Αφήνουμε να βράσει. Χαμηλώστε τη φωτιά και σιγοβράστε χωρίς το καπάκι μέχρι να μαλακώσουν τα μήλα, περίπου 15-20 λεπτά. ανακατεύουμε από ώρα σε ώρα. Αφήνουμε στην άκρη και αφήνουμε να κρυώσει εντελώς.

Σε ένα μεγάλο φύλλο λαδόκολλας, ξεδιπλώστε τη σφολιάτα και τυλίξτε σε ένα ορθογώνιο σχήμα 16x12 ιντσών. Μετακινήστε τη ζύμη με λαδόκολλα σε ένα ταψί με τη κοντή πλευρά του παραλληλογράμμου προς το μέρος σας. Τοποθετήστε τα μήλα χρησιμοποιώντας μια τρυπητή κουτάλα στο κάτω μισό σε απόσταση 1 ίντσας από την άκρη της ζύμης. Πασπαλίζουμε τα μήλα με καραμέλα ως επικάλυψη. Ξεκινώντας από την κάτω πλευρά, τυλίξτε σε ρολό σε στυλ ζελέ. Για να σφραγίσετε και να σφίξετε τα άκρα κάτω, τσιμπήστε τις ραφές. Ανακατεύουμε το αυγό με το νερό σε ένα μικρό μπολ και το αλείφουμε πάνω στη ζύμη.

Περιχύστε με χοντρή ζάχαρη. Κάντε ένα σκίσιμο ή σχισμές από πάνω. Ψήνουμε μέχρι να ροδίσουν, περίπου 25 λεπτά με μισή ώρα. Αν θέλετε, ανακατέψτε τη σαντιγί και την καραμέλα ως επικάλυψη.

## Διατροφικές Πληροφορίες
Θερμίδες: 270 θερμίδες
Φυτικές ίνες: 4g φυτικές ίνες)
Συνολικοί Υδατάνθρακες: 46g υδατάνθρακες (24g σάκχαρα
Χοληστερόλη: 26 mg χοληστερόλης
Πρωτεΐνη: 3g πρωτεΐνη.
Ολικά λιπαρά: 9g λιπαρά (2g κορεσμένα λιπαρά)
Νάτριο: 140 mg νατρίου

## 27.    <u>Μπάρες Cheesecake με καραμέλα με μήλο</u>

Σερβίρισμα: 2 ντουζίνες. | Προετοιμασία: 45 λεπτά | Μαγείρεμα: 35 λεπτά | Έτοιμο σε:

## Συστατικά

1-1/4 φλιτζάνια τρίμμα κράκερ Graham

1/2 φλιτζάνι ψιλοκομμένα πεκάν, φρυγανισμένα

1/2 φλιτζάνι βούτυρο, λιωμένο

3 κουταλιές της σούπας καστανή ζάχαρη

ΣΤΡΩΜΑ ΜΗΛΟΥ:

4 φλιτζάνια μήλα τάρτας κομμένα σε λεπτές φέτες

1/4 φλιτζάνι αλεύρι για όλες τις χρήσεις

1 κουταλιά της σούπας ζάχαρη

ΣΤΡΩΣΗ ΤΥΡΙΟΥ ΚΡΕΜΑ:

1 πακέτο (8 ουγγιές) τυρί κρέμα, μαλακωμένο 3/4 φλιτζάνι ζάχαρη

3 κουταλιές της σούπας κρέμα γάλακτος

1 κουταλάκι του γλυκού εκχύλισμα βανίλιας

2 αυγά ελαφρά χτυπημένα

ΣΤΡΩΣΗ ΚΑΡΑΜΕΛΑΣ:

1 συσκευασία (14 ουγκιές) καραμέλες

1/3 φλιτζάνι γάλα 2%.

ΕΠΙΚΑΛΥΨΗ:

1 φλιτζάνι πεκάν ψιλοκομμένα, φρυγανισμένα

2/3 φλιτζανιού αλεύρι για όλες τις χρήσεις

1/3 φλιτζάνι συσκευασμένη καστανή ζάχαρη

5 κουταλιές της σούπας βούτυρο, λιωμένο

## Κατεύθυνση

Ανακατέψτε την κασταν ζάχαρη, το βούτυρο, τα πεκάν και τα τρίμματα κράκερ σε ένα μικρό μπολ. Σπρώξτε το κάτω μέρος ενός ταψιού 13 ιντσών x 9 ιντσών που είναι καλά λαδωμένο. Ψήνουμε για 8 με 10 λεπτά στους 350°. Ψύχεται εύκολα σε σχάρα.

Ανακατεύουμε τη ζάχαρη, το αλεύρι και τα μήλα σε ένα μικρό μπολ. Κουτάλα πάνω από την κρούστα. Χτυπάμε τη ζάχαρη και το τυρί κρέμα σε ένα μικρό μπολ μέχρι να ομογενοποιηθούν. Στη συνέχεια χτυπάμε τη βανίλια και την κρέμα γάλακτος. Βάλτε τα αυγά και στη συνέχεια χτυπήστε σε χαμηλή ταχύτητα μέχρι να ομογενοποιηθούν. Απλώνουμε πάνω από τα μήλα.

Ανακατεύουμε το γάλα και τις καραμέλες σε μια μικρή κατσαρόλα. Σε μέτρια φωτιά, μαγειρέψτε ανακατεύοντας μέχρι να ομογενοποιηθούν. Απλώνουμε πάνω από τη στρώση του τυριού κρέμα. Ανακατεύουμε τα υλικά της επικάλυψης σε ένα μικρό μπολ. Περιχύστε από πάνω την καραμέλα.

Ψήνουμε για 35 με 40 λεπτά στους 350° ή μέχρι να σφίξει σχεδόν το κέντρο. Αφήστε να κρυώσει για 1 ώρα σε μια σχάρα. Καλύψτε και ψύξτε για τουλάχιστον δύο ώρες. Κόψτε σε μπάρες.

## Διατροφικές Πληροφορίες

Θερμίδες: 303 θερμίδες
Πρωτεΐνη: 4g πρωτεΐνη.
Ολικά λιπαρά: 17 g λιπαρά (7 g κορεσμένα λιπαρά)

Νάτριο: 149 mg νατρίου

Φυτικές ίνες: 1g φυτικές ίνες)

Συνολικοί Υδατάνθρακες: 35g υδατάνθρακες (26g σάκχαρα

Χοληστερόλη: 47 mg χοληστερόλης

## 28.    <u>Κέικ σοκολάτας φοντάν καραμέλας</u>

Σερβίρισμα: 15 μερίδες. | Προετοιμασία: 15 λεπτά | Μαγείρεμα: 35 λεπτά | Έτοιμο σε:

## Συστατικά

1 πακέτο μείγμα κέικ σοκολάτας (κανονικό μέγεθος)
1 φλιτζάνι μικροσκοπικά ημίγλυκα κομματάκια σοκολάτας, χωρισμένα
1 βάζο (12-1/4 ουγκιές) επικάλυψη παγωτού καραμέλας, ζεσταμένο
1 βάζο (11-3/4 ουγκιές) ζεστή επικάλυψη παγωτού φοντάν, ζεσταμένη
1 χαρτοκιβώτιο (8 ουγγιές) παγωμένη σαντιγί, ξεπαγωμένη
1/2 φλιτζάνι αγγλικές μπουκιές καραμέλας ή τσιπς από τούβλα αμυγδάλου

## Κατεύθυνση

Φτιάξτε ένα κουρκούτι ακολουθώντας τις οδηγίες της συσκευασίας. Προσθέστε 3/4 φλιτζανιού κομματάκια σοκολάτας.

Απλώστε το κουρκούτι σε ένα λαδωμένο ταψί 13x9 ιντσών, ψήστε για 35 έως 40 λεπτά στους 350 ° F, κάνοντας μια δοκιμή οδοντογλυφίδας για να ελέγξετε αν το κέικ είναι έτοιμο. Ανοίξτε τρύπες στο ζεστό κέικ με ένα σουβλάκι ή πιρούνι κρέατος. Ρίξτε τα γαρνιτούρα φοντάν και την καραμέλα σε όλο το κέικ. Τοποθετήστε σε μια σχάρα και αφήστε το κέικ να κρυώσει.

Τελειώνουμε προσθέτοντας σαντιγί, σκεπάζουμε με τα υπόλοιπα κομματάκια σοκολάτας και μπουκίτσες καραμέλας. Διατηρείται στο ψυγείο.

**Διατροφικές Πληροφορίες**
Θερμίδες: 446 θερμίδες
Φυτικές ίνες: 2g φυτικές ίνες)
Συνολικοί Υδατάνθρακες: 70g υδατάνθρακες (53g σάκχαρα
Χοληστερόλη: 40 mg χοληστερόλης
Πρωτεΐνη: 5g πρωτεΐνη.
Ολικά λιπαρά: 18 g λιπαρά (8 g κορεσμένα λιπαρά)
Νάτριο: 426 mg νατρίου

## 29.   Κέικ καρότου κατσαρόλας

Σερβίρισμα: 6-8 μερίδες. | Προετοιμασία: 15 λεπτά | Μαγείρεμα: 15 λεπτά | Έτοιμο σε:

## Συστατικά

1 φλιτζάνι αλεύρι για όλες τις χρήσεις
1 φλιτζάνι ζάχαρη
1-1/4 κουταλάκι του γλυκού αλεσμένη κανέλα
1 κουταλάκι του γλυκού μπέικιν πάουντερ
1 κουταλάκι του γλυκού μαγειρική σόδα
1/2 κουταλάκι του γλυκού αλάτι
1/4 κουταλάκι του γλυκού τριμμένο γαρύφαλλο
1/4 κουταλάκι του γλυκού αλεσμένο τζίντζερ
1/2 φλιτζάνι λάδι κανόλα
2 αυγα
1-1/2 φλιτζάνια καρότα τριμμένα ή ψιλοκομμένα (περίπου 4 μέτρια)
1 κουτί (8 ουγγιές) θρυμματισμένο ανανά, καλά στραγγισμένο
3/4 φλιτζάνι ψιλοκομμένα πεκάν
1 κονσέρβα (16 ουγκιές) κρέμα τυριού frosting

## Κατεύθυνση

Ανακατεύουμε τα πρώτα 8 υλικά σε ένα μεγάλο μπολ. Χτυπάμε σιγά σιγά στο λάδι. Βάζουμε τα αυγά, ένα κάθε φορά, χτυπώντας καλά μετά από κάθε προσθήκη. Ανακατεύουμε με τα πεκάν, τον ανανά και τα καρότα. Μεταφέρετε σε μια στρογγυλή κατσαρόλα 8 ιντσών κατάλληλη για φούρνο μικροκυμάτων επικαλυμμένη με γράσο.

Φούρνο μικροκυμάτων χωρίς κάλυμμα, με ισχύ 70%, μέχρι να παραμείνει μια υγρή περιοχή διαμέτρου περίπου 1 1/2 ίντσας στο κέντρο (όταν αγγίζετε, το κέικ θα κολλήσει στο δάχτυλό σας, αλλά το σημείο από κάτω θα είναι σχεδόν στεγνό), 9-11 λεπτά.

Τοποθετήστε σε μια σχάρα. εντελώς κουλ. Αναποδογυρίζουμε σε πιατέλα σερβιρίσματος.

Παγώστε την τούρτα. Διατηρείται σε ψυγείο.

# 30.   Μηλόπιτα

## ΣΥΣΤΑΤΙΚΑ:

- 3 φλιτζάνια μήλα μαγειρεμένα σε κρασί
- 2 φλιτζάνια μελάσα
- 1 φλιτζάνι βούτυρο
- 1 φλιτζάνι ξινόγαλα
- 1 φλιτζάνι ζάχαρη
- 1 κουταλάκι του γλυκού μαγειρική σόδα
- 2 αυγα
- 1 ½ φλιτζάνι κρέας φρούτων ξηρών καρπών
- 3 κουταλάκια του γλυκού κανέλα
- 1 κουταλάκι γαρύφαλλο
- Περίπου 2 ¾ φλιτζάνια αλεύρι

## ΟΔΗΓΙΕΣ:

a) Προθερμάνετε το φούρνο στους 350 βαθμούς F.

b) Λαδώνουμε και αλευρώνουμε ένα ταψί 10 ιντσών.

c) Σε ένα μεγάλο μπολ, ανακατέψτε τη ζάχαρη και τη μελάσα. χτυπάμε το βούτυρο, το ξινόγαλο και τα αυγά, μέχρι να γίνει λεία η κρέμα.

d) Κοσκινίζουμε το αλεύρι, τη μαγειρική σόδα και τα μπαχαρικά μαζί.

e) Ρίξτε μήλα σε κρέας από ξηρούς καρπούς.

f) Ανακατέψτε τα κοσκινισμένα συστατικά στην κρέμα. ενσωματώστε γρήγορα το κρέας των καρυδιών και το μείγμα μήλου.

g) Ρίξτε στο ταψί.

h) Ψήστε για 50 λεπτά ή μέχρι να βγει καθαρή μια οδοντογλυφίδα.

# 1. <u>Apple Crisp</u>

## ΣΥΣΤΑΤΙΚΑ:

- 4 φλιτζάνια μήλα κομμένα σε φέτες
- ⅔ φλιτζάνια καστανή ζάχαρη
- ½ φλιτζάνι αλεύρι
- ½ φλιτζάνι πλιγούρι βρώμης
- ¾ κουταλάκι του γλυκού κανέλα
- ¾ κουταλάκι του γλυκού μοσχοκάρυδο
- ⅓ φλιτζάνι λιωμένο βούτυρο

## ΟΔΗΓΙΕΣ:

a) Ανακατεύουμε όλα τα υλικά, εκτός από τα μήλα, μέχρι να αφρατέψουν και μετά απλώνουμε πάνω στα μήλα:
b) Ψήνουμε στους 375 βαθμούς για 30-35 λεπτά.
c) Σερβίρουμε με κρέμα

## 32. Μηλόπιτα

## ΣΥΣΤΑΤΙΚΑ:

- 1 ½ φλιτζάνι αλεύρι
- 2 κουταλάκια του γλυκού μπέικιν πάουντερ
- ½ κουταλάκι του γλυκού αλάτι
- 1 κουταλιά της σούπας ζάχαρη
- ¼ φλιτζανιού λίπος
- ⅔ φλιτζάνι γάλα
- 8 μήλα τάρτας κομμένα σε λεπτές φέτες και ξεφλουδισμένα

## ΟΔΗΓΙΕΣ:

a) Προθερμαίνουμε τον φούρνο στους 350°
b) Ανακατέψτε 1½ φλιτζάνι αλεύρι, 2 κουταλάκια του γλυκού μπέικιν πάουντερ, ½ κουταλάκι του γλυκού αλάτι και 1 κουταλιά της σούπας ζάχαρη.
c) Κόβουμε σε ¼ φλιτζανιού λίπος
d) Ρίξτε μαζί ⅔ φλιτζάνι γάλα.
e) Ανακατεύουμε σταθερά μέχρι να αναμειχθούν και να γίνουν σβώλοι.
f) Πιέστε το μείγμα στον πάτο ενός λαδωμένου 13x9-in. ταψί.
g) Ψήστε μέχρι να ροδίσουν ελαφρά οι άκρες, 20-25 λεπτά. Ψύξτε σε μια σχάρα.
h) Βάζουμε τα μήλα πάνω από την κρούστα.
i) Ψήστε μέχρι να ροδίσουν και τα μήλα να μαλακώσουν, 60-70 λεπτά.
j) Ψύξτε εντελώς σε μια σχάρα. Κόβουμε σε μπάρες.

## 33.    <u>Apple Pandowdy</u>

## ΣΥΣΤΑΤΙΚΑ:

- $1\frac{1}{4}$ φλιτζάνι μαργαρίνη
- ⅔ φλιτζάνι ζάχαρη
- 1 αυγό
- 2 ½ φλιτζάνια αλεύρι
- 3 κουταλιές της σούπας μπέικιν πάουντερ
- ½ κουταλάκι του γλυκού αλάτι
- 1 φλιτζάνι γάλα
- 3 φλιτζάνια μήλα τηγανιού κομμένα σε φέτες
- ¼ φλιτζανιού καστανή ζάχαρη
- 1 κουταλάκι του γλυκού κανέλα

## ΟΔΗΓΙΕΣ:

a) Συνδυάστε τη μαργαρίνη με τη ζάχαρη.

b) Ανακατεύουμε σε 1 αυγό.

c) Ανακατεύουμε το αλεύρι, το μπέικιν πάουντερ και το αλάτι.

d) Προσθέστε 1 φλιτζάνι γάλα και τα μήλα.

e) Βάζουμε το μείγμα μήλου στον πάτο ενός βουτυρωμένου ταψιού 9x9x2

f) Ανακατέψτε ¼ φλιτζάνι καστανή ζάχαρη και 1 κουταλάκι του γλυκού κανέλα.

g) Πασπαλίζουμε τα μήλα με το μείγμα καστανής ζάχαρης

h) Ψήνουμε στους 350 βαθμούς για 50 λεπτά

i) Σερβίρουμε με κρέμα

## 4. <u>Μηλόπιτα</u>

## ΣΥΣΤΑΤΙΚΑ:

- 6 μήλα κρασιού
- 1 φλιτζάνι ζάχαρη
- Χυμό από 1 λεμόνι
- 2 κουταλιές της σούπας αλεύρι
- 1 μπαστούνι βούτυρο

## ΟΔΗΓΙΕΣ:

a) Κόψτε τα μήλα σε κύβους ζύμης.

b) Πασπαλίζουμε με το μείγμα αλεύρου ζάχαρης.

c) Προσθέστε το χυμό λεμονιού και ρίξτε τα τρία τέταρτα του βουτύρου. Βάζουμε από πάνω το κέλυφος της ζαχαροπλαστικής και πασπαλίζουμε με ζάχαρη και πασπαλίζουμε με το υπόλοιπο βούτυρο.

d) Ψήνουμε σε φούρνο στους 350 βαθμούς για περίπου 1 ώρα ή μέχρι να ροδίσουν.

## 35.    Φέτες μήλου

## ΣΥΣΤΑΤΙΚΑ:

- 2 ½ φλιτζάνια αλεύρι
- 1 κουταλιά της σούπας ζάχαρη
- 1 κουταλάκι του γλυκού αλάτι
- 5 φλιτζάνια μήλα καθαρισμένα σε φέτες
- 1 φλιτζάνι ζάχαρη
- 1 κουταλάκι του γλυκού κανέλα
- 1 φλιτζάνι λίτρου
- 1 αυγό χωρισμένο
- ⅔ φλιτζάνι θρυμματισμένα κορν φλέικς

## ΟΔΗΓΙΕΣ:

a) Κοσκινίζουμε το αλεύρι, τη ζάχαρη και το αλάτι και ανακατεύουμε το λίπος.

b) Βάλτε τον κρόκο του αυγού σε μια μεζούρα, προσθέστε αρκετό γάλα για να γίνει ⅔ φλιτζάνι, προσθέστε λίπος και ανακατέψτε μέχρι η ζύμη να γίνει μια μπάλα.

c) Παίρνουμε τη μισή ζύμη και την ανοίγουμε για να χωρέσει ένα φύλλο μπισκότων 15x11.

d) Στη συνέχεια σκεπάζουμε με θρυμματισμένα κορν φλέικς.

e) Προσθέστε μήλα από πάνω τους.

f) Πασπαλίζουμε με κανέλα και ζάχαρη πάνω από τα μήλα.

g) Τυλίγουμε την υπόλοιπη κρούστα και την τοποθετούμε πάνω από τα κομμένα μήλα.

h) Χτυπήστε το 1 ασπράδι αβγού μέχρι να αφρατέψει, σαν marshmallow (όχι σφιχτό), θα έχετε αρκετό για να απλώσετε πάνω από την κρούστα.

i) Ψήνουμε σε φούρνο στους 400 βαθμούς για 40 λεπτά περίπου.

Βγάζουμε από το φούρνο και όσο είναι ζεστό περιχύνουμε με 1 φλιτζάνι ζάχαρη ζαχαροπλαστικής και 2 κουταλιές της σούπας χυμό λεμονιού.
Κόβουμε σε τετράγωνα
Σερβίρετε όσο είναι ζεστό.

# 36.    Κέικ με καρύδια μήλου

## ΣΥΣΤΑΤΙΚΑ:

4 φλιτζάνια μήλα λιωμένα και κομμένα σε φέτες

2 κούπες ζάχαρη

2 αυγα

½ φλιτζάνι λάδι

2 κουταλάκια του γλυκού βανίλια

2 κούπες αλεύρι

2 κουταλάκια του γλυκού μπέικιν πάουντερ

2 κουταλάκια του γλυκού κανέλα

1 κουταλάκι του γλυκού αλάτι

½ φλιτζάνι καρύδια

## ΟΔΗΓΙΕΣ:

Προθερμάνετε το φούρνο στους 350 βαθμούς F (175 βαθμούς C).

Λαδώνουμε και αλευρώνουμε ένα ταψί 9x13 ιντσών.

Ανακατεύουμε 4 φλιτζάνια κομμένα και κομμένα μήλα και 2 φλιτζάνια ζάχαρη, αφήνουμε να σταθούν.

Ανακατέψτε 2 αυγά, ½ φλιτζάνι λάδι και 2 κουταλάκια του γλυκού βανίλια.

Ανακατέψτε 2 φλιτζάνια αλεύρι, 2 κουταλάκια του γλυκού μπέικιν πάουντερ, 2 κουταλάκια του γλυκού κανέλα και 1 κουταλάκι του γλυκού αλάτι.

Ανακατεύουμε το μείγμα αυγών και αλευριού με το μείγμα μήλου.

Διπλώστε μέσα ½ φλιτζάνι καρύδια.

Ρίξτε στο έτοιμο ταψί

i) Ψήστε στους 350 βαθμούς Φ για 1 ώρα ή μέχρι να βγει καθαρή μια οδοντογλυφίδα που έχετε τοποθετήσει στο κέντρο του κέικ.

j) Αφήστε την ψύξη.

**37.** <u>Αντίχειρα με τυρί κρέμα βερίκοκου</u>

*Κάνει 7 δωδεκάδες*

## ΣΥΣΤΑΤΙΚΑ:

- 1 ½ φλιτζάνι βούτυρο ή μαργαρίνη
- 1 ½ φλιτζάνι λευκή ζάχαρη
- Συσκευασία 8 ουγκιών τυρί κρέμα
- 2 αυγα
- 2 κουταλιές της σούπας χυμό λεμονιού
- 1 ½ κουταλάκι του γλυκού τριμμένη φλούδα λεμονιού
- 4 ½ φλιτζάνια αλεύρι για όλες τις χρήσεις
- 1 ½ κουταλάκι του γλυκού μπέικιν πάουντερ
- 1 φλιτζάνι κονσέρβες βερίκοκου
- Αχνη ζάχαρη

## ΟΔΗΓΙΕΣ:

a) Συνδυάστε το βούτυρο/μαργαρίνη, τη ζάχαρη και το μαλακό τυρί κρέμα και ανακατέψτε μέχρι να ομογενοποιηθούν.

b) Ανακατέψτε τα αυγά, το χυμό λεμονιού και το ξύσμα.

c) Προσθέτουμε τα ξηρά υλικά και ανακατεύουμε καλά.

d) Ψύξτε μέχρι να γίνει σφιχτή η ζύμη.

e) Προθερμαίνουμε τον φούρνο στους 350 βαθμούς (180 βαθμούς c).

f) Πλάθετε τις κουταλιές της σούπας ζύμη σε μπαλάκια.

g) Τοποθετούμε σε μια λαδόκολλα και ισιώνουμε ελαφρά.

h) Κεντράρετε εσοχές και γεμίστε με κονσέρβες.

i) Ψήνουμε για 15 λεπτά.

j) Όταν κρυώσουν τα μπισκότα τα πασπαλίζουμε με ζάχαρη ζαχαροπλαστικής.

# 8. Μπακλαβάς

## ΣΥΣΤΑΤΙΚΑ:

- 3 ½ φλιτζάνια ζάχαρη
- 2 ½ φλιτζάνια νερό
- 2 κουταλιές της σούπας μέλι
- 2 κουταλάκια του γλυκού χυμό λεμονιού
- 1 ξυλάκι κανέλα
- 3 ολόκληρα γαρίφαλα
- ½ κιλό Καρύδια, ψιλοαλεσμένα
- ½ κιλό αμύγδαλα, ψιλοτριμμένα
- ½ κιλό φιστίκια Αιγίνης, ψιλοτριμμένα
- 2 κουταλάκια του γλυκού αλεσμένη κανέλα
- ½ κουταλάκι του γλυκού γαρύφαλλο
- 1½ κιλό ζύμη Phyllo
- 1 κιλό/4 μπαστούνια ανάλατο βούτυρο, λιωμένο

## ΟΔΗΓΙΕΣ:

a) Σε μια κατσαρόλα, ανακατέψτε?

b) 3 φλιτζάνια ζάχαρη με το νερό, το μέλι, το χυμό λεμονιού, το ξύλο κανέλας και το γαρύφαλλο και αφήστε το να κρυώσει.

c) Σε ένα μεγάλο μπολ, συνδυάστε τους ξηρούς καρπούς, την υπόλοιπη ½ κούπα ζάχαρη, την τριμμένη κανέλα και το τριμμένο γαρύφαλλο. Αφήνω στην άκρη.

d) Ξετυλίξτε τη ζύμη φύλλου σε μια επίπεδη επιφάνεια και κρατήστε τη σκεπασμένη με χαρτί κεριού ή μια πετσέτα ατμού.

e) Βγάζουμε 8 φύλλα και τα βάζουμε στο ψυγείο.

f) Χρησιμοποιώντας ένα πινέλο ζαχαροπλαστικής, αλείψετε ένα ταψί 15½ x 11 ½ x 3 με λιωμένο βούτυρο,

Χρησιμοποιήστε 8 φύλλα για τον πάτο και πασπαλίστε με το μείγμα των ξηρών καρπών.

Στρώνουμε άλλα 3 φύλλα και πασπαλίζουμε ξανά με το μείγμα. Συνεχίστε μέχρι να χρησιμοποιηθεί όλο το phyllo. Πάνω με 8 φύλλα.

Προθερμάνετε το φούρνο στους 300 βαθμούς Φ.

Με ένα μακρύ και πολύ κοφτερό μαχαίρι κόβουμε τον μπακλαβά σε μικρά διαμάντια.

Πρώτα, κάντε 1 ομοιόμορφα κατά μήκος τομές.

Κόβουμε ίσια προς τα κάτω σε μια γραμμή και κόβουμε διαγώνια στις κατά μήκος τομές.

Ζεσταίνουμε το υπόλοιπο βούτυρο και το ρίχνουμε πάνω από τον μπακλαβά,

Ψήνουμε για $1\frac{1}{4}$ ώρα.

Αφαιρούμε και ρίχνουμε με κουτάλι το κρυωμένο σιρόπι σε όλη τη ζύμη στο ταψί.

Σερβίρουμε σε διακοσμητικά φλιτζάνια.

# 39.    Ψωμί μπανάνας

## ΣΥΣΤΑΤΙΚΑ:

1 φλιτζάνι λίτρου
1 φλιτζάνι καστανή ζάχαρη
2 αυγά χτυπημένα
1 ½ φλιτζάνι μπανάνες (3 ή 4)
2 κούπες αλεύρι
1 κουταλάκι του γλυκού μαγειρική σόδα
½ κουταλάκι του γλυκού αλάτι
1 κουταλιά της σούπας μπέικιν πάουντερ

## ΟΔΗΓΙΕΣ:

) Προθερμάνετε το φούρνο στους 350°F (175°C) και βουτυρώστε ένα ταψί για καρβέλι 8 x 4 ιντσών.

) Σε ένα μπολ, πολτοποιήστε τις ώριμες μπανάνες με ένα πιρούνι μέχρι να ομογενοποιηθούν.

) Ανακατέψτε το λίπος στις πολτοποιημένες μπανάνες.

) Ανακατέψτε τη μαγειρική σόδα και το αλάτι. Προσθέστε τη ζάχαρη και το χτυπημένο αυγό.

) Ανακατεύουμε μέσα το αλεύρι.

) Ρίξτε τη ζύμη στην προετοιμασμένη φόρμα για καρβέλι.

) Ψήστε για 1 ώρα στους 350°F (175°C) ή μέχρι να βγει καθαρή μια οδοντογλυφίδα ή ξύλινο σουβλάκι που έχετε τοποθετήσει στο κέντρο.

) Βγάζουμε από το φούρνο και αφήνουμε να κρυώσει στο ταψί για λίγα λεπτά. Στη συνέχεια, αφαιρέστε το μπανανόψωμο από το τηγάνι και αφήστε το να κρυώσει εντελώς πριν το σερβίρετε. Κόβουμε και σερβίρουμε.

**40.** _Ψωμί με καρύδια μπανάνας_

## ΣΥΣΤΑΤΙΚΑ:

½ φλιτζάνι λίπος

1 φλιτζάνι καστανή ζάχαρη

2 αυγα

2 μπανάνες, πολτοποιημένες (1¼ φλιτζάνι)

½ φλιτζάνι ξηροί καρποί

2 κούπες αλεύρι κοσκινισμένο

1 κουταλάκι του γλυκού μαγειρική σόδα

½ κουταλάκι του γλυκού αλάτι

## ΟΔΗΓΙΕΣ:

Κρέμα σοταρίσματος, προσθέτουμε σταδιακά τη ζάχαρη και κρεμάμε καλά.

Προσθέστε τα αυγά, ένα κάθε φορά.

Προσθέστε πολτοποιημένες μπανάνες, ξηρούς καρπούς και κοσκινισμένα ξηρά υλικά.

Αδειάζουμε σε λαδωμένο ταψί και ψήνουμε για 1 ώρα στους 350 βαθμούς Φ.

# 41.    <u>Σπλιτ κέικ μπανάνας</u>

## ΣΥΣΤΑΤΙΚΑ:

2 φλιτζάνια τρίμμα κράκερ Graham

1 μπαστούνι βούτυρο, λιωμένο

2 ολόκληρα αυγά

2 φλιτζάνια ζάχαρη άχνη

1 μπαστούνι βούτυρο, λιωμένο

4 μπανάνες κομμένες σε φέτες

1 (15 ουγγιές) κουτί θρυμματισμένο ανανά, στραγγισμένο

1 δοχείο (16 ουγγιές) παγωμένη σαντιγί επικάλυψης, ξεπαγωμένη

1 (16 ουγκιές) βάζο κεράσια μαρασκίνο, στραγγισμένα

12 ουγγιές θρυμματισμένα φιστίκια

## ΟΔΗΓΙΕΣ:

Συνδυάστε τα ψίχουλα κράκερ Graham και το λιωμένο βούτυρο σε ένα μεγάλο μπολ. Ανακατέψτε καλά.

Πιέστε σε μια φόρμα για κέικ 9x13 ιντσών. βάζετε στο ψυγείο μέχρι να κρυώσει, περίπου 30 λεπτά.

Χτυπήστε μαζί 2 αυγά, τη ζάχαρη άχνη και 1 ξυλάκι βούτυρο στο μεγάλο μπολ μέχρι να ομογενοποιηθούν. απλώνεται πάνω από παγωμένη κρούστα κράκερ Graham.

Στρώστε μπανάνες σε φέτες και θρυμματισμένο ανανά πάνω από το μείγμα του τυριού κρέμα. καλύψτε με σαντιγί.

Από πάνω βάζουμε κεράσια και ψιλοκομμένους ξηρούς καρπούς. Βάζουμε στο ψυγείο για τουλάχιστον 1 ώρα και σερβίρουμε παγωμένο.

**42.** <u>**Βασική ανασηκωμένη ζύμη για ντόνατς**</u>

## ΣΥΣΤΑΤΙΚΑ:

- $\frac{1}{2}$ φλιτζάνι βούτυρο ή άλλο λίπος
- $\frac{1}{4}$ φλιτζάνι ζάχαρη
- 1 φλιτζάνι ζεματισμένο γάλα
- $\frac{1}{2}$ κουταλάκι του γλυκού βανίλια
- $\frac{3}{4}$ κουταλάκι του γλυκού αλάτι
- 4 φλιτζάνια αλεύρι
- 1 ουγγιά συμπιεσμένη μαγιά
- 2 κουταλιές της σούπας νερό
- 2 αυγά καλά χτυπημένα

## ΟΔΗΓΙΕΣ:

) Περιχύνουμε με το βούτυρο και τη ζάχαρη το ζεματισμένο γάλα. Βάλε αλάτι.

) Όταν λιώσει, προσθέτουμε το χτυπημένο αυγό και τη βανίλια.

) Όταν είναι χλιαρό, προσθέτουμε τη μαγιά που έχει ενωθεί με 2 κουταλιές της σούπας νερό.

) Προσθέτουμε λίγο-λίγο το αλεύρι για όλες τις χρήσεις κοσκινισμένο να γίνει μια μαλακή ζύμη.

) Όταν είναι σκληρό για να ανακατευτεί, με ένα κουτάλι, γυρίστε τη ζύμη σε μια αλευρωμένη σανίδα και προσθέστε μόνο αρκετό αλεύρι για να γίνει μια μαλακή ζύμη.

**43.** <u>Πουτίγκα μαύρου ψωμιού</u>

*Κάνει: 6 μερίδες*

## ΣΥΣΤΑΤΙΚΑ:
6 αυγά χωρισμένα
½ φλιτζάνι ζάχαρη
¼ κουταλάκι του γλυκού αλάτι
1 φλιτζάνι ψίχουλα ψίχουλα ψωμιού από μαύρο ψωμί
(κολοκύθας, σίκαλης ή ολικής αλέσεως)
¾ κουταλάκι του γλυκού κανέλα
¼ κουταλάκι του γλυκού γαρύφαλλο
2 κουταλιές της σούπας λιωμένο βούτυρο
Ψιλοκομμένο ψωμί

## ΟΔΗΓΙΕΣ:
- Χτυπάμε τον κρόκο αυγού σε δυνατή ταχύτητα σε ένα μικρό μπολ μέχρι να πήξει και σταδιακά χτυπάμε τη ζάχαρη. Συνεχίζουμε το χτύπημα σε δυνατή ταχύτητα μέχρι το μείγμα να γίνει πολύ πηχτό και να σωρευτεί απαλά
- Χρησιμοποιώντας ένα καθαρό θερμαινόμενο μεγάλο μπολ, χτυπήστε το ασπράδι αυγού με το αλάτι μέχρι να σφίξει, να μην στεγνώσει και να σχηματιστούν κορυφές.
- Ανακατέψτε την ψίχα ψωμιού, την κανέλα και το γαρίφαλο στον ζεστό κρόκο. Στη συνέχεια, διπλώστε 1 κουταλιά της σούπας λιωμένο βούτυρο ανακατεμένο με ασπράδι αυγού.
- Αλείψτε ένα πιάτο σουφλέ 2 λίτρων ή μια βαθιά κατσαρόλα με την υπόλοιπη 1 κουταλιά της σούπας βούτυρο.
- Καλύπτουμε το πιάτο με ψίχα ψωμιού.

f) Ψήνετε στους 350°F για 25 με 30 λεπτά ή μέχρι να σταθεροποιηθεί στο κέντρο.

## 4.    Blackberry Pie

## ΣΥΣΤΑΤΙΚΑ:

- Ζύμη για πίτα και κρούστα πίτας
- 2 κουταλιές της σούπας αλεύρι
- 1 κουταλιά της σούπας ζάχαρη
- 2 ½ φλιτζάνια ώριμα βατόμουρα
- 1 κουταλάκι του γλυκού χυμό λεμονιού
- ¾ φλιτζάνι ζάχαρη
- ¼ φλιτζανιού ταπιόκα

## ΟΔΗΓΙΕΣ:

a) Στρώνουμε ένα πιάτο πίτας 9 ιντσών με ζύμη.

b) Πασπαλίζουμε με 2 κουταλιές της σούπας αλεύρι και 1 κουταλιά της σούπας ζάχαρη.

c) Προσθέστε 2 ½ φλιτζάνια ώριμα βατόμουρα.

d) Πασπαλίζουμε με 1 κουταλάκι του γλυκού χυμό λεμονιού, ¾ φλιτζάνι ζάχαρη και ¼ φλιτζανιού ταπιόκα,

e) Καλύπτουμε με κρούστα πίτας.

f) Ψήνουμε στους 425 βαθμούς F για 45 λεπτά μέχρι να ροδίσουν.

## Muffins με πίτουρο

## ΣΥΣΤΑΤΙΚΑ:

- 1 $\frac{1}{2}$ φλιτζάνι πίτουρο σιταριού
- $\frac{1}{2}$ φλιτζάνι αλεύρι για όλες τις χρήσεις
- $\frac{1}{3}$ φλιτζάνι ξηρό γάλα
- $\frac{1}{2}$ φλιτζάνι σάλτσα μήλου
- 1 κουταλάκι του γλυκού μπέικιν πάουντερ
- 1 κουταλάκι του γλυκού κανέλα
- $\frac{1}{4}$ κουταλάκι του γλυκού τζίντζερ
- $\frac{1}{4}$ κουταλάκι του γλυκού μαγειρική σόδα
- νιφάδες αλάτι
- 1 αυγό
- Γλυκαντικά
- Σταφίδες (προαιρετικά)

## ΟΔΗΓΙΕΣ:

a) Προθερμάνετε το φούρνο στους 350 βαθμούς Φ.

b) Λαδώνουμε 12 φλιτζάνια για μάφινς ή τα στρώνουμε με χάρτινη επένδυση για μάφιν.

c) Ανακατέψτε πίτουρο σιταριού, σάλτσα μήλου και ξηρό γάλα σε ένα μεγάλο μπολ. εύκολη στάση για 10 λεπτά.

d) Εν τω μεταξύ, χτυπήστε το γλυκαντικό και το αυγό μαζί σε ένα ξεχωριστό μπολ μέχρι να γίνουν ελαφριά και αφράτα. ανακατεύουμε σε μείγμα πίτουρου-γάλακτος.

e) Κοσκινίστε το αλεύρι, τη σόδα, το μπέικιν πάουντερ, την κανέλα, το τζίντζερ και το αλάτι μαζί. ανακατεύουμε σε ξηρό μείγμα γάλακτος μέχρι να ομογενοποιηθεί.

f) Διπλώστε τις σταφίδες, αν χρησιμοποιείτε. Ρίξτε το κτύπημα του κουταλιού στα προετοιμασμένα φλιτζάνια για μάφιν, γεμίζοντας το καθένα $\frac{2}{3}$ γεμάτο.

) Ψήνετε στον προθερμασμένο φούρνο μέχρι να ξαναβρεθούν οι κορυφές όταν πιεστούν ελαφρά, περίπου 15 με 20 λεπτά. Ψύξτε στο ταψί για λίγο και μετά μεταφέρετε σε σχάρα για να κρυώσει εντελώς.

) Ανακατεύουμε καλά με το χέρι.
Ψήστε στους 350 βαθμούς Φ για 20 λεπτά.

## 46.    <u>Μπράουνις (Μεσάνυχτα)</u>

## ΣΥΣΤΑΤΙΚΑ:

Κανονική πουτίγκα σοκολάτας

$1\frac{3}{4}$ γάλα

1 στρώση μείγμα κέικ σοκολάτας

1 κομματάκια σοκολάτας 6 ουγκιών

$\frac{1}{2}$ φλιτζάνι ψιλοκομμένα καρύδια

## ΟΔΗΓΙΕΣ:

Ετοιμάστε την πουτίγκα σύμφωνα με τις οδηγίες της συσκευασίας, εκτός από το να χρησιμοποιήσετε $1\frac{3}{4}$ φλιτζάνι γάλα.

Αποσύρουμε από τη φωτιά, προσθέτουμε το μείγμα του κέικ, τα κομματάκια σοκολάτας και τα καρύδια και ανακατεύουμε μέχρι να ενωθούν καλά.

Μεταφέρετε τη ζύμη μπράουνι του κέικ σε ένα λαδωμένο ταψί 12 Χ 7 $\frac{1}{2}$

Ψήνετε τα μπράουνις στους 350 βαθμούς για 30-35 λεπτά, μέχρι να βγει καθαρή μια οδοντογλυφίδα που έχετε τοποθετήσει.

Αφήστε τα brownies να κρυώσουν εντελώς πριν τα κόψετε σε μπάρες.

# 47.   <u>Butterfudge Fingers</u>

## ΣΥΣΤΑΤΙΚΑ:

- 2 τετράγωνα σοκολάτα χωρίς ζάχαρη (2 ουγγιές)
- ⅓ φλιτζάνι βούτυρο
- 1 φλιτζάνι ζάχαρη
- 2 αυγα
- ¾ φλιτζάνι αλεύρι κοσκινισμένο
- ½ κουταλάκι του γλυκού μπέικιν πάουντερ
- ½ κουταλάκι του γλυκού αλάτι
- ½ φλιτζάνι σπασμένα καρύδια

## ΕΠΙΚΑΛΥΨΗ

- ½ φλιτζάνι μαλακό βούτυρο
- 2 κούπες ζάχαρη.
- 2 κουταλιές της σούπας κρέμα
- 1 κουταλάκι του γλυκού βανίλια.
- 1 τετράγωνο σοκολάτα χωρίς ζάχαρη (1 ουγγιά)
- 1 κουταλιά της σούπας βούτυρο.

## ΟΔΗΓΙΕΣ:

) Προθερμάνετε το φούρνο στους 350 βαθμούς F.
) Λιώστε τη σοκολάτα και το βούτυρο σε ένα μπολ πάνω από ζεστό νερό. Χτυπάμε τη ζάχαρη και τα αυγά.
) Κοσκινίζουμε τα ξηρά υλικά μαζί. Μπείτε μέσα.
) Προσθέστε ξηρούς καρπούς
) Απλώνουμε σε λαδωμένο ταψί 8' τετράγωνο.
) Ψήνουμε για 30-35 λεπτά μέχρι η κορυφή να έχει μια θαμπή κρούστα.
) Ψύξτε ελαφρά.
) απλώνουμε την επικάλυψη στα μπράουνις. όταν σταθεροποιηθεί, κόψτε σε 2 x 1 δάχτυλα.

## ΦΤΙΑΞΕΤΕ ΤΟΠΠ

i)  Ροδίζουμε το μαλακό βούτυρο σε μέτρια φωτιά.

j)  Ανακατεύουμε με 2 φλιτζάνια ζάχαρη.

k)  Ανακατεύουμε με 2 κουταλιές της σούπας κρέμα γάλακτος και 1 κουταλάκι του γλυκού βανίλια.

l)  Απλώνουμε σε μπράουνις.

m) Λιώστε 1 τετράγωνο σοκολάτας χωρίς ζάχαρη (1 ουγγιά) και 1 κουταλιά της σούπας βούτυρο.

n)  Όταν κρυώσει, απλώστε μια πολύ λεπτή επικάλυψη πάνω από το γλάσο.

## 8.    Κέικ καρότου

## ΣΥΣΤΑΤΙΚΑ:
## ΓΙΑ ΤΗΝ ΤΟΥΡΤΑ

- 2 κούπες ζάχαρη
- 4 αυγά
- 1 ½ φλιτζάνι λάδι
- 2 κούπες αλεύρι
- 2 κουταλάκια του γλυκού μπέικιν πάουντερ
- 1 ½ κουταλάκι του γλυκού μαγειρική σόδα
- 1 κουταλάκι του γλυκού αλάτι
- 1 κουταλάκι του γλυκού κανέλα
- 2 κούπες καρότα τριμμένα
- 1 μικρό κουτάκι θρυμματισμένο ανανά, στραγγισμένο
- 1 φλιτζάνι ξηροί καρποί

## ΓΙΑ ΤΟ FROSTING

- 1 μικρός φάκελος ονειρεμένο μαστίγιο
- 1 πακέτο πουτίγκα στιγμιαίας βανίλιας
- 1 φλιτζάνι κρύο γάλα (χτυπάμε μέχρι να γίνει κορυφαίο)
- 1 μικρό κουτάκι ανανά, θρυμματισμένο και στραγγισμένο

## ΟΔΗΓΙΕΣ:
## ΓΙΑ ΤΗΝ ΤΟΥΡΤΑ

a) Προθερμαίνουμε τον φούρνο στους 350 βαθμούς.

b) Στρώνουμε τις φόρμες για κέικ με λαδόκολλα, ψεκάζουμε με μπέικιν σπρέι ή βούτυρο και πασπαλίζουμε με αλεύρι, αφήνουμε στην άκρη.

c) Σε ένα μπολ ανακατεύουμε το αλεύρι, το μπέικιν πάουντερ, τη σόδα, το αλάτι και την κανέλα.

d) Σε ένα μεγάλο μπολ, με ηλεκτρικό μίξερ, ανακατεύουμε το λάδι, τα αυγά και τη ζάχαρη.

- Ανακατεύουμε σιγά σιγά τα ξηρά υλικά και ανακατεύουμε μέχρι να ομογενοποιηθούν καλά.
- Προσθέστε ξηρούς καρπούς, θρυμματισμένο ανανά και τριμμένα καρότα.
- Μοιράζουμε το μείγμα ομοιόμορφα στις 2 έτοιμα ταψάκια για κέικ.
- Ψήνουμε σε ταψί 9 x 13 για 1 ώρα σε φούρνο στους 350 βαθμούς F.
- Αφήστε τα κέικ να κρυώσουν εντελώς πριν τα παγώσετε.

## ΓΙΑ ΤΟ FROSTING:

Σε ένα μεγάλο μπολ παγωμένο ανακατεύουμε τα υλικά μέχρι να ομογενοποιηθούν και να αφρατέψουν.

# 49.    <u>Σάλτσα μήλου ψωμιού</u>

## ΣΥΣΤΑΤΙΚΑ:

1 ψωμί (2 ουγγιές πρωτεΐνη, 1 φρούτο)

1 ουγγιά ψωμί

1 αυγό

- ½ φλιτζάνι ξηρό γάλα
- 2 πακέτα γλυκαντικό
- ½ φλιτζάνι σάλτσα μήλου διαίτης
- 1 κουταλάκι του γλυκού μπέικιν πάουντερ
- ½ κουταλάκι του γλυκού μαγειρική σόδα
- ½ κουταλάκι του γλυκού κανέλα
- ⅛ κουταλάκι του γλυκού τζίντζερ
- Αλας

## ΟΔΗΓΙΕΣ:

) Ανακατέψτε καλά.

) Ψήνουμε στους 350 βαθμούς για 20 λεπτά.

# 50.    Τσεισκέικ

## ΣΥΣΤΑΤΙΚΑ:

1 κιλό τυρί Ricotta

1 κιλό τυρί κρέμα

1 πακέτο κρέμα γάλακτος

$\frac{1}{4}$ κιλό Βούτυρο

4 αυγά

1 $\frac{1}{2}$ φλιτζάνι ζάχαρη

3 κουταλιές της σούπας χυμό λεμονιού

3 κουταλιές της σούπας αλεύρι

3 κουταλιές της σούπας άμυλο καλαμποκιού

3 κουταλάκια του γλυκού βανίλια

## ΟΔΗΓΙΕΣ:

Συνδυάστε 4 αυγά, ένα κάθε φορά.

Προσθέστε 1$\frac{1}{2}$ φλιτζάνι ζάχαρη, 3 κουταλιές της σούπας χυμό λεμονιού, 3 κουταλιές της σούπας αλεύρι, 3 κουταλιές της σούπας άμυλο καλαμποκιού και 3 κουταλάκια του γλυκού βανίλια.

Λαδώνουμε ένα καλό ταψί με ελατήριο, σκεπάζουμε το ταψί με ψίχουλα ψωμιού graham και ψήνουμε για 1 ώρα στους 350 βαθμούς Φ.

Σβήνουμε το φούρνο και αφήνουμε στο φούρνο για 1 ώρα ακόμα.

Ψύξτε τελείως πριν αφαιρέσετε το πλάι. Αφήστε το κάτω μέρος.

## 51.    <u>Κεράσι τραγανό</u>

*Κάνει: 6 μερίδες*

## ΣΥΣΤΑΤΙΚΑ:
5 φλιτζάνια κεράσια, χωρίς κουκούτσι
½ κουταλάκι του γλυκού λεμόνι
1 φλιτζάνι ζάχαρη
¾ φλιτζάνι αλεύρι
⅓ φλιτζάνι μαλακό βούτυρο

## ΟΔΗΓΙΕΣ:
Προθερμάνετε το φούρνο στους 350 βαθμούς F.
Σε ένα μεγάλο μπολ, ανακατέψτε απαλά τα κεράσια και το χυμό λεμονιού και βάλτε τα στον πάτο ενός τηγανιού 8×8 ιντσών.
Σε ένα μεσαίο μπολ ανακατεύουμε το αλεύρι για όλες τις χρήσεις και τη ζάχαρη.
Ρίχνουμε το λιωμένο βούτυρο και ανακατεύουμε μέχρι να ενωθεί και να υγρανθεί ομοιόμορφα το μείγμα.
Πασπαλίζουμε ομοιόμορφα την επικάλυψη πάνω από τα κεράσια.
Ψήνουμε για 40 λεπτά στους 350°F.

## 52.    Chrusciki ( Πολωνικά μπισκότα )

*Κάνει: περίπου 4 δωδεκάδες*

## ΣΥΣΤΑΤΙΚΑ:
4 κρόκοι αυγών
- 2 κουταλιές της σούπας ζάχαρη
- 2 κουταλιές της σούπας ξύδι από κρασί
- 1 κουταλιά της σούπας κονιάκ ή ρούμι
$\frac{1}{8}$ κουταλάκι του γλυκού αλάτι
- Αλεύρι

## ΟΔΗΓΙΕΣ:
a) Χτυπάμε τους κρόκους μέχρι να αφρατέψουν και προσθέτουμε αλάτι, κονιάκ, ζάχαρη και ξύδι.
b) Προσθέστε αρκετό αλεύρι για να γίνει μια πολύ σφιχτή ζύμη. Ανοίγουμε λεπτό χαρτί, χρησιμοποιώντας όσο το δυνατόν λιγότερη ζύμη.
c) Κόψτε σε λωρίδες περίπου 1 ίντσας x 6 ίντσες. κόψτε κατά μήκος και αναποδογυρίστε τη μια άκρη της λωρίδας και στη συνέχεια κόψτε σχηματίζοντας ένα μπισκότο τύπου φιόγκου
d) Τηγανίζουμε σε βαθύ λίπος (περίπου 400 βαθμούς) μέχρι να ροδίσουν. Πασπαλίζουμε με ζάχαρη άχνη

# 53. Ψωμί κανέλας

## ΣΥΣΤΑΤΙΚΑ:

1 φλιτζάνι ζάχαρη

$\frac{1}{2}$ φλιτζάνι γάλα

$\frac{1}{4}$ κουταλάκι του γλυκού αλάτι

1 $\frac{1}{2}$ κουταλάκι του γλυκού κανέλα

$\frac{1}{4}$ φλιτζάνι βούτυρο

1 $\frac{3}{4}$ φλιτζάνι αλεύρι

3 κουταλάκια του γλυκού μπέικιν πάουντερ

3 κουταλιές της σούπας ζάχαρη

## ΟΔΗΓΙΕΣ:

Χτυπάμε το βούτυρο, προσθέτουμε σταδιακά τη ζάχαρη, μετά προσθέτουμε τα αυγά, το γάλα και τέλος το αλεύρι, το μπέικιν πάουντερ και το αλάτι.

Ψήνουμε για περίπου 20 λεπτά

## 54.   Ρολά κανέλλας

## ΣΥΣΤΑΤΙΚΑ:

1 αυγό

3 ½ φλιτζάνια Bisquick

¾ φλιτζάνι γάλα

3 κουταλιές της σούπας λιωμένο βούτυρο

½ φλιτζάνι ζάχαρη

4 κουταλάκια του γλυκού κανέλα

## ΟΔΗΓΙΕΣ:

Χτυπάμε τα αυγά και προσθέτουμε το Bisquick και το γάλα.

Ανακατεύουμε να γίνει μια μαλακή ζύμη και ζυμώνουμε μέχρι να ομογενοποιηθεί.

Πασπαλίζουμε και τυλίγουμε με κανέλα.

Προθερμάνετε το φούρνο στους 400 βαθμούς Φ.

Ψήνουμε για 2ο λεπτά.

## 55.    Σταφυλόπιτα Concord

## ΣΥΣΤΑΤΙΚΑ:

- Συσκευασία 14 ουγκιών ζύμη για πίτα διπλής κρούστας, αποψυγμένη
- 5 φλιτζάνια σταφύλια Concord
- $\frac{3}{4}$ φλιτζάνι ζάχαρη
- 3 κουταλιές της σούπας άμυλο καλαμποκιού
- $\frac{1}{4}$ κουταλάκι του γλυκού αλάτι

## ΟΔΗΓΙΕΣ:

a) Τσιμπήστε τον πολτό από τη φλούδα των σταφυλιών. Όταν έχετε $\frac{1}{2}$ φλιτζάνι πολτό, αφήστε τις φλούδες στην άκρη.

b) Ζεσταίνουμε τον πολτό μέχρι να βράσει. Οι σπόροι θα αρχίσουν να διαχωρίζονται από τον πολτό. Ενταση.

c) Σε μια κατσαρόλα, ανακατέψτε $\frac{3}{4}$ φλιτζάνια ζάχαρη, 3 κουταλιές της σούπας άμυλο καλαμποκιού και $\frac{1}{4}$ κουταλάκι του γλυκού αλάτι.

d) Ανακατεύουμε μέσα τον πολτό. Μαγειρέψτε σε μέτρια φωτιά, ανακατεύοντας συνεχώς μέχρι να πήξει.

e) Αποσύρουμε από τη φωτιά και ανακατεύουμε τις φλούδες.

f) Αδειάζουμε σε άψητη κρούστα πίτας.

g) Ψήνουμε στους 450 βαθμούς για 10 λεπτά, στη συνέχεια χαμηλώνουμε τη θερμοκρασία στους 350 βαθμούς και ψήνουμε για 25 λεπτά ακόμα.

# 56. Μάφιν καλαμποκιού

## ΣΥΣΤΑΤΙΚΑ:

1 αυγό

¼ φλιτζάνι γάλα καλαμποκιού

⅓ φλιτζάνι ξηρό γάλα

1 σταγόνα βανίλια

¼ κουταλάκι του γλυκού μαγειρική σόδα

½ φλιτζάνι θρυμματισμένος στραγγισμένος ανανάς

Παύλα αλατιού

Γλυκαντικό δύο κλειδιά


## ΟΔΗΓΙΕΣ:

a) Προθερμάνετε το φούρνο στους 375°F.

b) Ετοιμάστε ένα ταψί για μάφινς, περνώντας με ένα πινέλο μια λεπτή επικάλυψη λιωμένου βουτύρου πάνω από τα τμήματα στο τηγάνι.

c) Ανακατεύουμε τα ξηρά υλικά σε ένα μεγάλο μπολ και προσθέτουμε τον θρυμματισμένο ανανά.

d) Πλάθουμε μια λακούβα στη μέση του μείγματος.

e) Ανακατεύουμε το αυγό και το καλαμποκίσιο γάλα σε ένα μεγάλο μπολ ανάμειξης. Ρίξτε στο πηγάδι των ξηρών συστατικών. Ανακατέψτε καλά.

f) Μοιράζετε το κουρκούτι στα τμήματα του ταψιού, γεμίζοντάς τα στα ¾ της διαδρομής.

g) Ψήστε στους 375 βαθμούς Φ για 10 λεπτά ή μέχρι να ροδίσουν ελαφρά.

## 57.  Cranberry Pear Pie

## ΣΥΣΤΑΤΙΚΑ:

Ζύμη για πίτα με μονή κρούστα (9 ίντσες)

3 φλιτζάνια φρέσκα ή κατεψυγμένα κράνμπερι

$\frac{1}{4}$ φλιτζάνι νερό

1 $\frac{1}{4}$ φλιτζάνι ζάχαρη

2 κουταλάκια του γλυκού άμυλο καλαμποκιού

1 φλιτζάνι τριμμένη φλούδα λεμονιού

2 φλιτζάνια χυμό λεμονιού

2 φλιτζάνια βούτυρο ή μαργαρίνη

$\frac{1}{4}$ φλιτζανιού καρύδια

4 μέτρια ώριμα αχλάδια

## ΟΔΗΓΙΕΣ:

a) Γραμμή 9 ιντσών. πιάτο πίτας με ζαχαροπλαστική? τελειώματα και άκρες φλάουτου. Αφήνω στην άκρη.

b) Συνδυάστε το άμυλο καλαμποκιού, το νερό και 1 φλιτζάνι ζάχαρη. Μαγειρέψτε, ανακατεύοντας συνεχώς μέχρι να διαλυθεί η ζάχαρη.

c) Προσθέστε τα αχλάδια και τα κράνμπερι. πετάξτε δύο στρώσεις. Ρίξτε το κουτάλι σε κρούστα.

d) Για την επικάλυψη, συνδυάστε το $\frac{1}{4}$ φλιτζάνι ζάχαρη και το βούτυρο μέχρι να γίνει εύθρυπτο. Ανακατεύουμε τα καρύδια. Πασπαλίζουμε από πάνω τη γέμιση.

e) Καλύψτε τις άκρες της κρούστας χαλαρά με αλουμινόχαρτο για να μην μαυρίσει υπερβολικά.

f) Ψήνουμε στους 400° για 15 λεπτά.

g) Μειώστε τη θερμότητα στους 350°. Αφαιρέστε το αλουμινόχαρτο. ψήνουμε για 35-40 λεπτά περισσότερο ή μέχρι να ροδίσει η κρούστα και να γίνει αφρώδης η γέμιση. Ψύξτε σε μια σχάρα.

## Κρέμα σφολιάτας

## ΣΥΣΤΑΤΙΚΑ:

- 1 φλιτζάνι νερό
- 1 φλιτζάνι βούτυρο ή μαργαρίνη
- 1 φλιτζάνι αλεύρι
- $\frac{1}{2}$ κουταλάκι του γλυκού αλάτι
- 4 αυγά

## ΟΔΗΓΙΕΣ:

a) Αφήνουμε να βράσει 1 φλιτζάνι νερό και προσθέτουμε 1 φλιτζάνι βούτυρο ή μαργαρίνη.

b) Αφού λιώσει το βούτυρο, προσθέστε 1 φλιτζάνι αλεύρι και $\frac{1}{2}$ κουταλάκι του γλυκού αλάτι.

c) Χτυπάμε δυνατά μέχρι να γίνει μια μπάλα. Αφήνουμε να κρυώσει και προσθέτουμε 4 αυγά, ένα κάθε φορά χτυπώντας δυνατά μετά από κάθε αυγό.

d) Ρίξτε σε λαδωμένα ταψί.

e) Βάζουμε στους 450 βαθμούς πάνω για 15 λεπτά και μετά στους 325 βαθμούς για 25 λεπτά.

f) Αφήνουμε να κρυώσει και μετά γεμίζουμε.

## Γέμισμα κρέμας

## ΣΥΣΤΑΤΙΚΑ:

- 1 ½ φλιτζάνι ζάχαρη
- ½ κουταλάκι του γλυκού αλάτι
- ¾ φλιτζάνι αλεύρι
- 4 φλιτζάνια γάλα, βραστό
- 2 αυγά χτυπημένα
- 2 κουταλάκια του γλυκού βανίλια

## ΟΔΗΓΙΕΣ:

a) Ανακατεύουμε τη ζάχαρη και το αλάτι.

b) Προσθέστε ¾ φλιτζάνι αλεύρι και 4 φλιτζάνια βρασμένο γάλα.

c) Μαγειρέψτε μαζί και στη συνέχεια προσθέστε 2 αυγά χτυπημένα.

d) Μαγειρέψτε μέχρι να πήξει και προσθέστε 2 κουταλάκια του γλυκού βανίλια.

## 0.   <u>Crowd Cake</u>

## ΣΥΣΤΑΤΙΚΑ:

- 1 μείγμα κέικ jiffy
- 1 συσκευασία 8 ουγκιών τυρί κρέμα
- 2 φλιτζάνια γάλα
- 1 συσκευασία πουτίγκα στιγμής (βανίλια)
- 2 μεγάλες συσκευασίες κατεψυγμένα μούρα (βατόμουρα)
- 1 δοχείο δροσερό μαστίγιο

## ΟΔΗΓΙΕΣ:

a) Ψήστε το κέικ.

b) Αφήνουμε να κρυώσει και ανακατεύουμε το μαλακωμένο τυρί κρέμα με το γάλα και μετά προσθέτουμε την πουτίγκα και απλώνουμε το κέικ.

c) Στραγγίζετε τα μούρα και αφήνετε το χυμό να πάρει βράση. Προσθέστε άμυλο καλαμποκιού μέχρι να πήξει.

d) Όταν κρυώσει, προσθέστε τα μούρα.

e) Απλώστε παχύρρευστα μούρα πάνω από το μείγμα του τυριού κρέμα και βάλτε το στο ψυγείο.

f) Απλώνουμε δροσερό χτύπημα πριν το σερβίρουμε.

# 51.     <u>Ντόνατς</u>

*Κάνει: 3 δωδεκάδες*

## ΣΥΣΤΑΤΙΚΑ:

- 3 κουταλιές της σούπας βούτυρο
- 1 φλιτζάνι ζάχαρη
- 1 αυγό χτυπημένο
- 3 $\frac{3}{4}$ κούπες αλεύρι κοσκινισμένο
- 4 κουταλάκια του γλυκού μπέικιν πάουντερ
- $\frac{1}{2}$ κουταλάκι του γλυκού αλάτι
- $\frac{3}{4}$ φλιτζάνι γάλα
- 1 κουταλάκι του γλυκού βανίλια

## ΟΔΗΓΙΕΣ:

a) Χτυπάμε το βούτυρο, προσθέτουμε σταδιακά τη ζάχαρη και την κρέμα μέχρι να ελαφρύνει.

b) Ρίχνουμε τα χτυπημένα αυγά, ανακατεύουμε και κοσκινίζουμε το αλεύρι, το μπέικιν πάουντερ και το αλάτι.

c) Προσθέστε στο μείγμα κρέμας εναλλάξ με το γάλα.

d) Ανακατεύουμε τη βανίλια.

e) Ψύξτε καλά,

f) Ανοίξτε το πάχος ⅓ ίντσας σε μια ελαφρώς αλευρωμένη επιφάνεια.

g) Κόβουμε με αλευρωμένο κόφτη.

h) Τηγανίζουμε σε ζεστό λίπος (375 βαθμοί F) μέχρι να ροδίσουν, γυρίζοντας μια φορά.

i) Διοχετεύω.

## Εύκολο κέικ φρούτων

## ΣΥΣΤΑΤΙΚΑ:

- 2 $\frac{1}{2}$ φλιτζάνια αλεύρι
- 1 κουταλάκι του γλυκού μαγειρική σόδα
- 2 αυγά ελαφρώς χτυπημένα
- Βάζο 28 ουγκιών κιμά
- 1 κουτί συμπυκνωμένο γάλα μάρκας αετού
- 2 φλιτζάνια ανάμεικτα ζαχαρωμένα φρούτα

## ΟΔΗΓΙΕΣ:

a) Ψήνουμε στους 300 βαθμούς για 1 ώρα και ψήνουμε για 50 λεπτά σε ταψί 9 ιντσών ή 2 ταψιά για καρβέλια για 1 ώρα και 10 λεπτά ή ταψιά μίνι για 35-40 λεπτά.

b) Συνδυάστε το αλεύρι και τη μαγειρική σόδα. Αφήνω στην άκρη.

c) Συνδυάστε τα υπόλοιπα υλικά.

d) Ανακατεύουμε σε ξηρά υλικά. Ρίξτε σε ταψιά.

# 3.    Εκλέρ

*Κάνει: 10*

## ΣΥΣΤΑΤΙΚΑ:

- 1 συσκευασία (3¼ ουγκιές) ζελέ πουτίγκα βανίλιας και γέμιση πίτας
- 1 ½ φλιτζάνι γάλα
- ½ φλιτζάνι έτοιμη ονειρική σαντιγί/χτυπημένη επικάλυψη
- 6 κουταλιές της σούπας βούτυρο
- ¾ φλιτζάνι νερό
- ¾ κούπας αλεύρι κοσκινισμένο (για όλες τις χρήσεις)
- 3 αυγά
- 2 τετράγωνα σοκολάτα χωρίς ζάχαρη
- 2 κουταλιές της σούπας βούτυρο
- 1 ½ φλιτζάνι ζάχαρη χωρίς κόσκινο
- Παύλα αλατιού
- 3 κουταλιές της σούπας γάλα

## ΟΔΗΓΙΕΣ:
## ΦΤΙΑΞΕΤΕ ΓΕΜΙΣΗ:

a) Μαγειρέψτε το μείγμα πουτίγκας σύμφωνα με τις οδηγίες στη συσκευασία. Μειώστε το γάλα σε 1½ φλιτζάνι.

b) Καλύψτε την επιφάνεια με χαρτί κεριού.

c) Ψύξτε για 1 ώρα. Χτυπάμε την πουτίγκα μέχρι να ομογενοποιηθεί.

d) Διπλώστε στην προετοιμασμένη επικάλυψη.

## ΦΤΙΑΞΕ Κοχύλια:

e) Βάλτε 6 κουταλιές της σούπας βούτυρο και νερό σε μια κατσαρόλα να βράσουν. Μειώστε την ακοή. Ανακατεύουμε γρήγορα το αλεύρι. Μαγειρέψτε και ανακατέψτε μέχρι το μείγμα να φύγει από τα πλαϊνά του τηγανιού, περίπου 2 λεπτά. Αποσύρουμε από τη φωτιά.

) Χτυπάμε τα αυγά, ένα κάθε φορά. Χτυπάμε πολύ καλά μέχρι να γίνει σατινέ. Σχηματίστε λωρίδες ζύμης 5 x 1 ίντσας με ένα κουτάλι σε ένα ταψί χωρίς λαδόκολλα, ψήστε στους 425 βαθμούς F για 20 λεπτά και μετά στους 350 βαθμούς για 30 λεπτά.

## ΔΥΟ ΣΥΝΑΡΜΟΛΟΓΗΣΗ

) Κόψτε τις κορυφές των κοχυλιών. Γεμίστε το καθένα με πουτίγκα. Αντικαταστήστε τις κορυφές

## ΦΤΙΑΞΕ ΓΛΑΣΑ

) Λιώστε τη σοκολάτα με 2 κουταλιές της σούπας βούτυρο σε χαμηλή φωτιά.

Αποσύρετε από τη φωτιά και ανακατεύετε με ζάχαρη, αλάτι και 3 κουταλιές της σούπας γάλα και απλώνετε αμέσως σε εκλέρ.

# 64. Τούρτα Eleanor Roosevelt

## ΣΥΣΤΑΤΙΚΑ:
### ΓΙΑ ΤΗΝ ΤΟΥΡΤΑ:

1 φλιτζάνι βραστό νερό

1 φλιτζάνι χουρμάδες ψιλοκομμένοι

1 κουταλάκι του γλυκού μαγειρική σόδα

1 φλιτζάνι ζάχαρη

¼ φλιτζάνι βούτυρο

1 αυγό

1 κουταλάκι του γλυκού βανίλια

1 ½ φλιτζάνι αλεύρι

1 κουταλάκι του γλυκού μπέικιν πάουντερ

½ κουταλάκι του γλυκού αλάτι

½ φλιτζάνι καρύδια ψιλοκομμένα

### ΓΙΑ ΤΟ FROSTING:

5 κουταλιές της σούπας καστανή ζάχαρη

5 κουταλιές της σούπας κρέμα

2 κουταλιές της σούπας βούτυρο


## ΟΔΗΓΙΕΣ:
### ΓΙΑ ΤΗΝ ΤΟΥΡΤΑ:

Ρίξτε 1 φλιτζάνι βραστό νερό πάνω από 1 φλιτζάνι χουρμάδες ψιλοκομμένους και 1 κουταλάκι του γλυκού μαγειρική σόδα. Κατάσταση φωτός.

Προσθέστε όλα τα παραπάνω υλικά και ψήστε για 35 λεπτά σε φούρνο στους 350 βαθμούς Φ σε ταψί 9 επί 9 ιντσών,

### ΓΙΑ ΤΟ FROSTING:

Βράζουμε για 3 λεπτά και απλώνουμε πάνω στο κέικ. Από πάνω μπορείτε να προσθέσετε καρύδα ή ξηρούς καρπούς.

# 65. <u>Φρουτοτσαγκάρης</u>

## ΣΥΣΤΑΤΙΚΑ:

2-2 ½ φλιτζάνια φρούτα (ροδάκινα, μήλα, μήλα, μούρα κ.λπ.)

1 ½ φλιτζάνι νερό

½ φλιτζάνι μέλι

2 κουταλιές της σούπας άμυλο καλαμποκιού

## ΓΙΑ ΤΟ ΤΟΠΙΝΓΚ ΚΕΙΚ:

1 ½ φλιτζάνι αλεύρι ζαχαροπλαστικής ολικής αλέσεως

¼ κουταλάκι του γλυκού αλάτι

2 ½ κουταλάκια του γλυκού μπέικιν πάουντερ

1 αυγό

1⅓ φλιτζάνια γάλα ΄1 κουταλάκι του γλυκού βανίλια

¼ φλιτζάνι μέλι

¼ φλιτζάνι βούτυρο

## ΟΔΗΓΙΕΣ:

a) Στρώνουμε τον πάτο της λαδωμένης φόρμας για κέικ 1 x 7 με τα φρούτα (τα φρέσκα φρούτα πρέπει να είναι ψημένα. Οι κονσέρβες φρούτων πρέπει να στραγγίζονται).

b) Σε ένα μπολ, ανακατέψτε νερό, μέλι και άρωμα που ταιριάζει καλύτερα με τα φρούτα που χρησιμοποιήθηκαν (αν χρησιμοποιείτε ροδάκινο, χρησιμοποιήστε 1 κουταλάκι του γλυκού βανίλια, εάν χρησιμοποιείτε μήλα χρησιμοποιήστε ¼ κουταλάκι του γλυκού κανέλα και γαρύφαλλο) και άμυλο καλαμποκιού.

c) Όταν ομογενοποιηθούν, ρίξτε τα φρούτα στη φόρμα του κέικ.

# ΓΙΑ ΤΟ ΤΟΠΙΝΓΚ ΚΕΙΚ:

d) Σε ένα μπολ ανακατεύουμε τα ξηρά υλικά (αλεύρι, αλάτι, μπέικιν πάουντερ).

e) Σε ένα ξεχωριστό μπολ χτυπάμε το αυγό, το γάλα, τη βανίλια, το μέλι και το βούτυρο,

f) Προσθέστε τα ξηρά υλικά και χτυπήστε καλά. Περιχύνουμε με το μείγμα των φρούτων.

g) Ψήστε στους 350 βαθμούς Φ για 30-45 λεπτά.

# Κέικ κοκτέιλ φρούτων

## ΣΥΣΤΑΤΙΚΑ:

- 2 ½ φλιτζάνια ζάχαρη
- 2 κουταλάκια του γλυκού μαγειρική σόδα
- ½ κουταλάκι του γλυκού αλάτι
- Κοκτέιλ φρούτων κονσέρβας 3 ουγκιών
- 1 αυγό
- 1 κουταλάκι του γλυκού βανίλια
- 2 φλιτζάνια καρύδια ψιλοκομμένα

## ΟΔΗΓΙΕΣ:

a) Ανακατέψτε ζάχαρη, μαγειρική σόδα, αλάτι και κοκτέιλ φρούτων

b) Προσθέστε 1 αυγό, τη βανίλια και τους ψιλοκομμένους ξηρούς καρπούς.

c) Ψήνουμε στους 350 βαθμούς Φ για 45 λεπτά.

## 7.     Μπισκότα ζάχαρης και ινδική πουτίγκα

## ΣΥΣΤΑΤΙΚΑ:

- 2 αυγα
- 2 κούπες ζάχαρη
- $\frac{1}{2}$ φλιτζάνι βούτυρο
- $\frac{1}{2}$ φλιτζάνι κρέμα γάλακτος
- 1 κουταλάκι του γλυκού μαγειρική σόδα
- $\frac{1}{2}$ κουταλάκι του γλυκού μοσχοκάρυδο
- $\frac{1}{4}$ κουταλάκι του γλυκού αλάτι
- 1 $\frac{1}{2}$ κουταλάκι του γλυκού μπέικιν πάουντερ
- 3 $\frac{1}{2}$ φλιτζάνια αλεύρι

## ΓΙΑ SOFT CAGEY COOKIES:

- 1 $\frac{1}{2}$ φλιτζάνι ζάχαρη
- 4 φλιτζάνια αλεύρι
- 1 φλιτζάνι κρέμα γάλακτος
- 1 κουταλάκι του γλυκού βανίλια

## ΟΔΗΓΙΕΣ:

a) Χτυπάμε 2 αυγά και 2 φλιτζάνια ζάχαρη.

b) Προσθέστε $\frac{1}{2}$ φλιτζάνι βούτυρο.

c) Προσθέστε $\frac{1}{2}$ φλιτζάνι κρέμα γάλακτος στην οποία προστίθεται 1 κουταλάκι του γλυκού μαγειρική σόδα.

d) Στη συνέχεια, ανακατέψτε το μοσχοκάρυδο, το αλάτι, το μπέικιν πάουντερ και το αλεύρι για να κάνετε μια σφιχτή ζύμη.

e) Ανοίξτε πολύ λεπτό, πάχος περίπου $\frac{1}{8}$ ίντσας.

f) Ανακατεύουμε και ρίχνουμε μια κουταλιά της σούπας και πιέζουμε με ένα ποτήρι καλυμμένο με υγρό πανί.

g) Ψήνουμε στους 375 βαθμούς για 10-12 λεπτά.

## 8.   Ψητά φρούτα κάρι

## ΣΥΣΤΑΤΙΚΑ:

- 1 μεγάλο κουτάκι μισά αχλάδια
- 1 μεγάλο κουτάκι ροδάκινα
- Κονσέρβα 8 ½ ουγγιάς κομμένο σε φέτες ανανά, κομμένο στη μέση
- ½ φλιτζάνι συσκευασμένη καστανή ζάχαρη
- 2 κουταλιές της σούπας μαργαρίνη
- 4 κουταλάκια του γλυκού (ή λιγότερο) γάλα
- σκόνη κάρυ

## ΟΔΗΓΙΕΣ:

a) Ανακατεύουμε περίπου 20 λεπτά πριν σε μια μεγάλη κατσαρόλα.

b) Ζεσταίνουμε μέχρι να βράσει σε μέτρια φωτιά και σιγοβράζουμε για 5 λεπτά.

c) Σερβίρετε ζεστό.

## 59.    Harvey Wa lb remorse Pie

## ΣΥΣΤΑΤΙΚΑ:

- Κρούστα κράκερ Graham 8 ιντσών
- 1 πακέτο ζελατίνη πορτοκαλιού
- 1 φλιτζάνι βραστό νερό
- $\frac{1}{2}$ φλιτζάνι χυμό πορτοκαλιού
- $\frac{1}{4}$ φλιτζάνι βότκα
- 2 κουταλιές της σούπας Galliano
- $4\frac{1}{2}$ ουγγιές αποψυγμένο δροσερό μαστίγιο

## ΟΔΗΓΙΕΣ:

a) Ετοιμάστε κρούστα κράκερ Graham 8 ιντσών,

b) Διαλύουμε 1 πακέτο ζελατίνη πορτοκαλιού σε 1 φλιτζάνι βραστό νερό

c) Ψύξτε μέχρι να πήξει, περίπου 30 λεπτά.

d) Προσθέστε και ανακατέψτε $\frac{1}{2}$ φλιτζάνι χυμό πορτοκαλιού, $\frac{1}{4}$ φλιτζάνι βότκα και 2 κουταλιές της σούπας Galliano.

e) Προσθέστε $4\frac{1}{2}$ ουγγιές αποψυγμένο δροσερό μαστίγιο.

f) Χτυπάμε σε μέτρια ταχύτητα

g) Αδειάζουμε σε κελύφη πίτας.

h) Ψύξτε για τουλάχιστον 1 ώρα ή μέχρι να δέσει.

70.     <u>Χαβανέζικο κέικ με καρύδια ανανά</u>

## ΣΥΣΤΑΤΙΚΑ:

- 1 μικρό κουτάκι θρυμματισμένο ανανά (περίπου 8 ουγγιές)
- $\frac{1}{2}$ φλιτζάνι ξηροί καρποί
- 2 αυγα
- $\frac{1}{2}$ φλιτζάνι βούτυρο
- $\frac{3}{4}$ φλιτζάνι αλεύρι

## ΟΔΗΓΙΕΣ:

a) Χτυπώντας συνεχώς, ανακατεύουμε το βούτυρο και τα αυγά και ανακατεύουμε καλά.

b) Προσθέστε το αλεύρι στο κουρκούτι, ανακατεύοντας μέχρι να ομογενοποιηθεί.

c) Προσθέστε τις στραγγισμένες φέτες ανανά και τους ξηρούς καρπούς και ανακατέψτε καλά.

d) Αδειάζουμε σε τετράγωνο ταψί και ψήνουμε στους 355 βαθμούς για 1 ώρα.

e) Από πάνω βάζουμε σαντιγί.

# 1.     <u>Φέτα μελιού</u>

## ΣΥΣΤΑΤΙΚΑ:

- 3 φλιτζάνια αλεύρι
- 3 κουταλάκια του γλυκού μπέικιν πάουντερ
- ½ φλιτζάνι κανέλα
- ½ φλιτζάνι καρύδια
- ½ φλιτζάνι λίπος
- 2 αυγά (κρατήστε 1 ασπράδι αυγού)
- ½ φλιτζάνι μέλι

## ΟΔΗΓΙΕΣ:

a) Ζεστάνετε ελαφρά το μέλι και ανακατεύετε μέχρι να είναι εύχρηστο, στη συνέχεια κυλήστε τη ζύμη σε ένα μακρύ ρολό, περίπου 3 ίντσες πλάτος και ½ ίντσα πάχος.

b) Τοποθετούμε σε μια λαδόκολλα και αλείφουμε από πάνω το ασπράδι.

c) Ψήστε στους 350 βαθμούς Φ για 30 λεπτά και κόψτε σε φέτες 1 ίντσας.

## 2.    <u>Ινδική πουτίγκα</u>

## ΣΥΣΤΑΤΙΚΑ:

- 1 λίτρο (4½ φλιτζάνια) γάλα
- ⅓ κίτρινο καλαμποκάλευρο.
- 1 αυγό χτυπημένο
- ⅓ φλιτζάνι ζάχαρη
- ¾ κουταλάκι του γλυκού αλάτι
- ½ κουταλάκι του γλυκού μοσχοκάρυδο
- ¾ κουταλάκι του γλυκού κανέλα
- ½ κουταλάκι του γλυκού άρωμα σφενδάμου

## ΟΔΗΓΙΕΣ:

a) Σε σχεδόν 1 λίτρο (4½ φλιτζάνια) γάλα, προσθέστε ⅓ κίτρινο καλαμποκάλευρο.

b) Μαγειρέψτε, ανακατεύοντας συνεχώς μέχρι να ψηθεί το καλαμποκάλευρο.

c) Στη συνέχεια, προσθέστε 1 χτυπημένο αυγό, τη ζάχαρη, το αλάτι, το μοσχοκάρυδο, την κανέλα και το άρωμα σφενδάμου.

d) Βάλτε το στο φούρνο στους 350 βαθμούς F και ψήστε μέχρι να γίνει ή ένα μαχαίρι που έχετε τοποθετήσει στην πουτίγκα βγαίνει καθαρό.

e) Για να ψήσετε, αδειάστε σε βουτυρωμένη κατσαρόλα 1½ έως 2 λίτρων.

f) Τοποθετούμε σε ένα ταψί με ζεστό νερό.

g) Ψήνουμε στους 350 βαθμούς μέχρι να βγει καθαρό το μαχαίρι που βάζουμε στο κέντρο.

## 3. Ζελέ σαλάτα Cranberry

## ΣΥΣΤΑΤΙΚΑ:

- 1 φλιτζάνι ζελέ σάλτσα cranberry
- 1 πακέτο (3 ουγγιές) ζελατίνη λεμονιού
- 1 φλιτζάνι κρύο νερό
- Παύλα αλάτι
- $\frac{3}{4}$ φλιτζάνι θρυμματισμένος ανανάς, στραγγισμένος
- 1 κουταλάκι του γλυκού ξύσμα πορτοκαλιού τριμμένο
- $\frac{1}{2}$ φλιτζάνι μήλο κομμένο σε κύβους
- $\frac{1}{4}$ φλιτζάνι σέλινο κομμένο σε κύβους
- $\frac{1}{4}$ φλιτζανιού καρύδια ψιλοκομμένα

## ΟΔΗΓΙΕΣ:

a) Πολτοποιήστε τη σάλτσα cranberry με ένα πιρούνι.

b) Ζεσταίνουμε σε σημείο βρασμού.

c) Προσθέτουμε τη ζελατίνη και ανακατεύουμε μέχρι να διαλυθεί,

d) Προσθέτουμε κρύο νερό και αλάτι και ανακατεύουμε μέχρι καλά.

e) Ρίξτε σε παγωμένη φόρμα και ψύξτε μέχρι να πήξει εν μέρει και στη συνέχεια διπλώστε τα υπόλοιπα υλικά.

f) Ψύξτε μέχρι να σφίξει.

# 4.    <u>Εβραϊκό κέικ καφέ</u>

## ΣΥΣΤΑΤΙΚΑ:
## ΓΙΑ ΤΗΝ ΤΟΥΡΤΑ:

- 1 φλιτζάνι γάλα
- 3 αυγά
- 1 κουταλάκι του γλυκού αλάτι
- 1 κουταλάκι του γλυκού μαγειρική σόδα
- 1 κουταλάκι του γλυκού κανέλα
- 1 κουταλάκι του γλυκού βανίλια
- 1 ½ φλιτζάνι ζάχαρη
- 2 κούπες αλεύρι

## ΓΙΑ ΤΟ TOOPING:

- ½ φλιτζάνι αλεύρι
- ¼ φλιτζάνι λευκή ζάχαρη
- ¼ φλιτζάνι βούτυρο ή μαργαρίνη
- Μερικοί ξηροί καρποί

## ΟΔΗΓΙΕΣ:
## ΓΙΑ ΤΗΝ ΤΟΥΡΤΑ:

a) Ανακατεύουμε όλα τα υλικά και προσθέτουμε ½ φλιτζάνι ψιλοκομμένους ξηρούς καρπούς και 4 μήλα σε λεπτές φέτες. Διπλώστε σε κουρκούτι.

b) Προσθέστε την επικάλυψη με ψίχα πριν το ψήσιμο.

## ΓΙΑ ΤΟ TOOPING:

a) Λιώστε το βούτυρο.

b) Ανακατεύουμε όλα τα υλικά της επικάλυψης μαζί.

c) Πασπαλίστε την επικάλυψη με ψίχα πάνω από το κέικ.

c) Ψήστε για 50 λεπτά στους 375 βαθμούς F.

## 5.     Key Lime Pie

## ΣΥΣΤΑΤΙΚΑ:

- 1 κουτί συμπυκνωμένο γάλα
- 4 κρόκοι αυγών
- $\frac{1}{2}$ φλιτζάνι χυμό λάιμ κλειδί

## ΟΔΗΓΙΕΣ:

a) Χτυπάμε σφιχτά 1 ασπράδι.

b) Διπλώνουμε στο παραπάνω μείγμα.

c) Χτυπάμε 3 ασπράδια αυγών και προσθέτουμε σταδιακά 6 κουταλιές της σούπας ζάχαρη και $\frac{1}{2}$ κουταλάκι του γλυκού κρέμα ταρτάρ.

d) Βάλτε το σε ψημένο κέλυφος πίτας και ψήστε στους 350 βαθμούς Φ μέχρι τα ασπράδια των αυγών να ροδίσουν.

## Ο προπονητής

## ΣΥΣΤΑΤΙΚΑ:

- 1 φλιτζάνι ζεματισμένο γάλα
- ½ φλιτζάνι ζάχαρη
- ⅓ φλιτζάνι βούτυρο
- ½ κουταλάκι του γλυκού αλάτι
- 1 μαγιά, διαλυμένη σε ¼ φλιτζάνι χλιαρό νερό
- 2 αυγά καλά χτυπημένα
- 3 ¾ φλιτζάνια αλεύρι
- 5 Ξυνόμηλα
- ¼ φλιτζάνι ζάχαρη αναμεμειγμένη
- ½ κουταλάκι του γλυκού κανέλα
- 2 κουταλιές της σούπας σταφίδες.

## ΟΔΗΓΙΕΣ:

a) Προσθέστε τη ζάχαρη, το βούτυρο και το αλάτι στο ζεματισμένο γάλα.

b) Όταν είναι χλιαρό, προσθέτουμε τη διαλυμένη μαγιά, το αυγό και αρκετό αλεύρι για να γίνει ένα σφιχτό βούτυρο.

c) Σκεπάζουμε και αφήνουμε να φουσκώσει μέχρι να διπλασιαστεί το μείγμα σε όγκο.

d) Κόβουμε και χτυπάμε καλά και απλώνουμε ομοιόμορφα σε 2 βουτυρωμένα στρογγυλά ταψιά για κέικ ή απλώνουμε ½ ίντσα πάχος σε βουτυρωμένο ταψί που στάζει.

e) Αφήστε το να φουσκώσει και ψήστε για 40 λεπτά, ξεκινώντας με ζεστό φούρνο (350 βαθμούς F).

f) Απλώστε πάχος ¾ ίντσας σε ένα βουτυρωμένο ταψί. Αλείφουμε με λιωμένο βούτυρο.

g) Ζευγαρώστε 5 ξινόμηλα και τον πυρήνα, κόψτε σε οκτώ φέτες και πιέστε τις αιχμηρές άκρες των μήλων στη ζύμη σε παράλληλες σειρές κατά μήκος του ταψιού.

h) Πασπαλίζουμε με $\frac{1}{4}$ φλιτζάνι ζάχαρη αναμεμειγμένη με $\frac{1}{2}$ κουταλάκι του γλυκού κανέλα και 2 κουταλιές της σούπας σταφίδες.

## 77.    Lazy Daisy Cake

## ΣΥΣΤΑΤΙΚΑ:
## ΚΟΥΡΤΕΣ:

2 αυγά χτυπημένα

1 φλιτζάνι ζάχαρη

1 κουταλάκι του γλυκού βανίλια

1 φλιτζάνι αλεύρι

1 κουταλάκι του γλυκού μπέικιν πάουντερ

$\frac{1}{2}$ κουταλάκι του γλυκού αλάτι

$\frac{1}{2}$ φλιτζάνι γάλα

1 κουταλιά της σούπας βούτυρο

## ΕΠΙΚΑΛΥΨΗ:

3 κουταλιές της σούπας λιωμένο βούτυρο

5 κουταλιές της σούπας καστανή ζάχαρη

2 κουταλιές της σούπας κρέμα

$\frac{1}{2}$ φλιτζάνι καρύδα

$\frac{3}{4}$ φλιτζανιού ψιλοκομμένους ξηρούς καρπούς


## ΟΔΗΓΙΕΣ:
## ΚΟΥΡΤΕΣ:

a) Προθερμάνετε το φούρνο στους 350°F και ετοιμάστε μια φόρμα για κέικ 9x9 ιντσών.

b) Σε μια μέτρια κατσαρόλα σε μέτρια φωτιά προσθέτουμε το γάλα.

c) Μόλις αρχίσει να σιγοβράζει το γάλα σβήνουμε τη φωτιά και προσθέτουμε την κουταλιά της σούπας βούτυρο και τη βανίλια. Ανακατεύουμε μέχρι να λιώσει το βούτυρο. Αφήνουμε στην άκρη να κρυώσει.

d) Σε ένα μεσαίο μπολ προσθέτουμε τη ζάχαρη, το μείγμα γάλακτος και τα αυγά. Ανακατεύουμε μέχρι να ενωθούν καλά.

e) Στη συνέχεια προσθέτουμε το αλεύρι, το μπέικιν πάουντερ και το αλάτι. Ανακατεύουμε μέχρι να μην μείνουν μεγάλα κομμάτια, περίπου 12 χτυπήματα.

f) Ρίξτε τη ζύμη στο έτοιμο ταψί.

g) Ψήνουμε για 25 λεπτά σε μέτρια φωτιά.

## ΕΠΙΚΑΛΥΨΗ:

h) Ανακατεύουμε καλά και απλώνουμε πάνω από το κέικ όσο είναι ακόμα ζεστό.

i) Επιστρέφουμε στο φούρνο για λίγα λεπτά να ροδίσουν.

## ´8.  **<u>Μπισκότα μελάσας</u>**

## ΣΥΣΤΑΤΙΚΑ:

- 2 αυγά
- 1 φλιτζάνι ζάχαρη
- 1 φλιτζάνι μελάσα
- 1 φλιτζάνι λίτρου
- 1 κουταλάκι του γλυκού τζίντζερ
- 1 κουταλάκι του γλυκού μαγειρική σόδα
- 2 φλιτζάνια αλεύρι για όλες τις χρήσεις

## ΟΔΗΓΙΕΣ:

a) Ανακατέψτε 1 φλιτζάνι ζάχαρη, το λίπος και τα αυγά σε ένα μεσαίο μπολ μέχρι να ομογενοποιηθούν. ανακατεύουμε με μελάσα.

b) Συνδυάστε το αλεύρι, τη μαγειρική σόδα και το τζίντζερ σε ένα ξεχωριστό μεσαίο μπολ. προσθέστε στο μείγμα της μελάσας και ανακατέψτε μέχρι να ομογενοποιηθούν καλά. Σκεπάζουμε και κρυώνουμε τη ζύμη για 1 ώρα.

c) Προθερμάνετε το φούρνο στους 375 βαθμούς Φ.

d) Ενώ ο φούρνος προθερμαίνεται, τυλίξτε τη ζύμη σε μπάλες διαμέτρου 1 ίντσας πριν τοποθετήσετε 2 ίντσες μεταξύ τους σε λαδωμένα φύλλα μπισκότων.

e) Ψήνετε σε παρτίδες στον προθερμασμένο φούρνο μέχρι να σπάσουν οι κορυφές, περίπου 8 με 10 λεπτά.

f) Δροσίστε σε συρμάτινες σχάρες.

# 9.    <u>My Mother Fruit Cake</u>

## ΣΥΣΤΑΤΙΚΑ:

- 1 κιλό Βούτυρο
- 1 ντουζίνα αυγά
- 1 κιλό Ζάχαρη
- 1 κιλό Αλεύρι
- 1 κιλό σταφίδες με σπόρους
- 1 κιλό σταφίδες χωρίς κουκούτσι ψιλοκομμένες
- $\frac{1}{2}$ κιλό Σύκα
- $\frac{1}{2}$ λίρα Χουρμάδες
- $\frac{1}{4}$ κιλό Κόκκινα κεράσια
- $\frac{1}{4}$ κιλό πράσινα κεράσια
- $\frac{1}{2}$ κιλό Μικτή φλούδα
- $\frac{1}{4}$ κιλό φλούδα λεμονιού
- $\frac{1}{4}$ κιλό φλούδα πορτοκαλιού
- $\frac{1}{4}$ κιλό φλούδα λεμονιού
- $\frac{1}{2}$ κιλό καρύδια ψιλοκομμένα
- 1 κουταλιά της σούπας εκχύλισμα λεμονιού
- 1 κουταλιά της σούπας βανίλια
- 1 φλιτζάνι σέρι

## ΟΔΗΓΙΕΣ:

a) Κρέμα βούτυρο πολύ καλά.
b) Προσθέτουμε τη ζάχαρη και συνεχίζουμε την κρέμα.
c) Προσθέστε αυγά, λίγα κάθε φορά. Χτυπάμε σε μέτρια ταχύτητα.
d) Προσθέτουμε το αλεύρι λίγο λίγο μαζί με το σέρι και μετά ρίχνουμε τα φρούτα.
e) Ψήστε σε πολύ αργό φούρνο (250 βαθμοί F) για περίπου 2 $\frac{1}{2}$ ώρες ή έως ότου το δοκιμαστήριο βγαίνει καθαρό.

) Όταν κρυώσει, τυλίξτε με ένα πανί εμποτισμένο με σέρι, βάλτε το στη φόρμα και σφραγίστε.

) Διατηρείται έτσι για πολύ καιρό και μπορεί να μπει στην κατάψυξη.

# 80.  Κέικ βρώμης

## ΣΥΣΤΑΤΙΚΑ:

1 ¼ φλιτζάνι βραστό νερό

½ φλιτζάνι βούτυρο

½ φλιτζάνι καστανή ζάχαρη

¼ φλιτζάνι χυμό πορτοκαλιού αποψυγμένο, αδιάλυτο

1 ¾ φλιτζάνι αλεύρι

½ κουταλάκι του γλυκού αλάτι και κανέλα

1 φλιτζάνι πλιγούρι βρώμης

1 φλιτζάνι ζάχαρη

2 αυγα

1 κουταλάκι του γλυκού βανίλια

1 κουταλάκι του γλυκού μαγειρική σόδα και μπέικιν πάουντερ

## ΟΔΗΓΙΕΣ:

Ρίξτε νερό πάνω από το πλιγούρι και αφήστε το στην άκρη.

Κρέμα ζάχαρης, βούτυρο και αυγά. Χτυπάμε σε χυμό πορτοκαλιού και βανίλια.

Ανακατέψτε το αλεύρι, το μπέικιν πάουντερ, τη σόδα, το αλάτι και την κανέλα. ανακατεύουμε στο μείγμα κρέμας εναλλάξ με πλιγούρι βρώμης.

Ψήνουμε σε 1 x 9 x 2 σε ταψί στους 350 βαθμούς για 40 λεπτά. Ψύξτε στο τηγάνι.

Αλείφουμε με το μείγμα ξηρών καρπών και το βάζουμε κάτω από το κρέας κρεατοπαραγωγής για 1 λεπτό.

## ΕΠΑΝΩ ΚΑΡΥΔΩΝ:

f) Συνδυάστε $\frac{1}{2}$ φλιτζάνι καστανή ζάχαρη, $\frac{1}{4}$ φλιτζάνι βούτυρο και 2 κουταλιές της σούπας ξεπαγωμένο χυμό πορτοκαλιού.

g) Φέρτε σε βράση? μαγειρέψτε για 1 λεπτό. Αποσύρουμε από τη φωτιά.

h) Ανακατέψτε μέσα 1 φλιτζάνι καρύδα με νιφάδες και $\frac{1}{2}$ φλιτζάνι ψιλοκομμένους ξηρούς καρπούς.

# 1. <u>Παλιά αγγλική χοιρινή πίτα</u>

## ΣΥΣΤΑΤΙΚΑ:

- 2 λίβρες. χοιρινό (κομμένο σε μικρά κομμάτια)
- Αλατοπίπερο
- 5 αυγά

## ΟΔΗΓΙΕΣ:

a) Φτιάχνουμε την κρούστα και τη βάζουμε σε πιατέλα για πίτα.

b) Καλύπτουμε την κρούστα με λίγο αλάτι και πολύ πιπέρι.

c) Προσθέστε μια στρώση χοιρινό αλάτι και πιπέρι.

d) Καλύπτουμε με το υπόλοιπο χοιρινό.

e) Ρίξτε 5 αυγά πάνω από το μείγμα και απλώστε με ένα πιρούνι.

f) Στην κορυφή της κρούστας, ανοίξτε τρύπες και ψήστε στους 375 βαθμούς F για $1\frac{1}{2}$ ώρα.

## 82. Παλιόμοτο κέικ με ραβέντι

## ΣΥΣΤΑΤΙΚΑ:

- $\frac{1}{2}$ φλιτζάνι βούτυρο ή μαργαρίνη
- 1 $\frac{1}{4}$ φλιτζάνι ζάχαρη, χωρισμένη
- 1 αυγό
- 1 φλιτζάνι βουτυρόγαλα
- 2 κούπες αλεύρι
- 1 κουταλάκι του γλυκού μαγειρική σόδα
- $\frac{1}{2}$ κουταλάκι του γλυκού αλάτι
- $\frac{1}{2}$ κουταλάκι του γλυκού κανέλα
- 2 φλιτζάνια ραβέντι ψιλοκομμένο

## ΟΔΗΓΙΕΣ:

a) Κρέμα βούτυρο και 1 φλιτζάνι ζάχαρη, προσθέστε το αυγό χτυπήστε καλά.

b) Συνδυάστε το βουτυρόγαλα και τη βανίλια και αφήστε το στην άκρη.

c) Συνδυάστε το αλεύρι, τη μαγειρική σόδα και το αλάτι.

d) Προσθέτουμε εναλλάξ με βούτυρο γάλα-βανίλια στο μείγμα κρέμας.

e) Ανακατέψτε το ραβέντι.

## 83.     Γνήσια μπισκότα Toll House

## ΣΥΣΤΑΤΙΚΑ:

- 2 $\frac{1}{4}$ κούπες αλεύρι
- 1 κουταλάκι του γλυκού μαγειρική σόδα
- 1 κουταλάκι του γλυκού αλάτι
- 1 φλιτζάνι βούτυρο
- $\frac{3}{4}$ φλιτζάνι ζάχαρη
- $\frac{3}{4}$ φλιτζανιού καστανή ζάχαρη
- 1 κουταλάκι του γλυκού εκχύλισμα βανίλιας
- 2 αυγα
- 12g μπουκιές γλυκιάς σοκολάτας NESTLE
- 1 φλιτζάνι καρύδια ψιλοκομμένα

## ΟΔΗΓΙΕΣ:

a) Προθερμαίνουμε το φούρνο στους 375°F.

b) Σε ένα μικρό μπολ ανακατεύουμε το αλεύρι, τη μαγειρική σόδα και το αλάτι. Αφήνω στην άκρη.

c) Σε ένα μεγάλο μπολ ανακατεύουμε και τις δύο ζάχαρες, το βούτυρο και τη βανίλια και χτυπάμε μέχρι να γίνουν κρέμα.

d) Χτυπάμε στα αυγά.

e) Προσθέστε σταδιακά το μείγμα του αλευριού και ανακατέψτε καλά.

f) Προσθέστε μπουκιές γλυκιάς σοκολάτας NESTLE και ξηρούς καρπούς.

g) Ρίξτε μια κουταλιά σε ένα φύλλο μπισκότου χωρίς λαδόκολλα

h) Ψήνουμε για 8-10 λεπτά.

# 4.   Ψωμί από αχλάδι

## ΣΥΣΤΑΤΙΚΑ:

- $\frac{1}{2}$ φλιτζάνι βούτυρο
- 1 φλιτζάνι ζάχαρη
- 2 αυγα
- 2 κούπες αλεύρι
- $\frac{1}{2}$ κουταλάκι του γλυκού μαγειρική σόδα
- $\frac{1}{2}$ κουταλιά της σούπας μπέικιν πάουντερ
- 1 κουταλιά της σούπας μπέικιν πάουντερ
- $\frac{1}{8}$ κουταλιά της σούπας μοσχοκάρυδο
- $\frac{1}{4}$ φλιτζάνι γιαούρτι ή βουτυρόγαλα
- 1 φλιτζάνι αχλάδια ψιλοκομμένα
- 1 κουταλάκι του γλυκού βανίλια

## ΟΔΗΓΙΕΣ:

a) Κρέμα βούτυρο και ζάχαρη. Χτυπάμε τα αυγά ένα-ένα.

b) Ανακατεύουμε τα ξηρά υλικά και προσθέτουμε στο μείγμα των αυγών εναλλάξ με γιαούρτι.

c) Προσθέστε αχλάδια και βανίλια.

d) Ψήνετε σε ταψί 9x5x3 στους 350 βαθμούς Φ για 1 ώρα.

<u>Πολωνικά μπισκότα πεκάν</u>

*Κάνει: 5 δωδεκάδες*

## ΣΥΣΤΑΤΙΚΑ:

- 1 φλιτζάνι βούτυρο
- 3 κουταλιές της σούπας εκχύλισμα βανίλιας
- ½ φλιτζάνι ζάχαρη ζαχαροπλαστικής
- 1 ½ κουταλιά της σούπας νερό
- 2½ φλιτζάνια αλεύρι για όλες τις χρήσεις κοσκινισμένο
- 2 φλιτζάνια πεκάν, κομμένα στη μέση
- Ζάχαρη ζαχαροπλαστικής για ρολό

## ΟΔΗΓΙΕΣ:

a) Κρέμα βούτυρο με εκχύλισμα βανίλιας. Προσθέστε σταδιακά τη ζάχαρη ζαχαροπλαστικής, χτυπώντας μέχρι να αφρατέψει.

b) Προσθέτουμε νερό και χτυπάμε καλά.

c) Προσθέστε λίγο-λίγο το αλεύρι, ανακατεύοντας μέχρι να ομογενοποιηθεί μετά από κάθε προσθήκη.

d) Εάν είναι απαραίτητο, ψύξτε τη ζύμη μέχρι να είναι εύκολη στον χειρισμό.

e) Πλάθετε ένα κουταλάκι του γλυκού ζύμη γύρω από κάθε μισό πεκάν, καλύπτοντας εντελώς το παξιμάδι.

f) Τοποθετούμε σε μια λαδόκολλα για μπισκότα.

g) Ψήστε στους 400 βαθμούς Φ για 10 λεπτά

h) Ρίξτε τη ζάχαρη ζαχαροπλαστικής όσο είναι ακόμα ζεστή

**<u>Ψωμί κολοκύθας</u>**

## ΣΥΣΤΑΤΙΚΑ:

- $\frac{1}{2}$ φλιτζάνι φυτικό λάδι
- ⅓ φλιτζάνι νερό
- 2 αυγα
- 1 φλιτζάνι κολοκύθα
- 1⅔ φλιτζάνι αλεύρι
- 1 φλιτζάνι ζάχαρη ($\frac{1}{2}$ λευκή, $\frac{1}{2}$ καστανή)
- 1 κουταλάκι του γλυκού μαγειρική σόδα
- 1 κουταλάκι του γλυκού κανέλα
- 1 κουταλάκι του γλυκού μοσχοκάρυδο
- $\frac{1}{4}$ κουταλάκι του γλυκού αλάτι
- $\frac{1}{2}$ φλιτζάνι ξηροί καρποί
- $\frac{1}{4}$ κουταλάκι του γλυκού τριμμένο γαρύφαλλο

## ΟΔΗΓΙΕΣ:

a) Ανακατέψτε φυτικό λάδι, νερό, αυγά και κολοκύθα.

b) Προσθέστε τα επόμενα 6 υλικά.

c) Ανακατεύουμε με ξηρούς καρπούς.

d) Αδειάζουμε σε λαδωμένα ταψιά

# 7. Μπισκότα κολοκύθας

## ΣΥΣΤΑΤΙΚΑ:

- 1 ½ φλιτζάνι φρέσκια ή κονσέρβα πουρέ κολοκύθας
- ½ φλιτζάνι λίπος
- 1 ¼ φλιτζάνι καστανή ζάχαρη
- 2 αυγα
- 1 κουταλάκι του γλυκού βανίλια
- 1 ½ φλιτζάνι αλεύρι κοσκινισμένο
- ½ κουταλάκι του γλυκού αλάτι
- 4 κουταλάκια του γλυκού μπέικιν πάουντερ
- 1 κουταλάκι του γλυκού κανέλα
- ½ κουταλάκι του γλυκού μοσχοκάρυδο
- 1 φλιτζάνι σταφίδες
- 1 φλιτζάνι καρύδια ψιλοκομμένα

## ΟΔΗΓΙΕΣ:

a) Συνδυάστε το αλεύρι, το μπέικιν πάουντερ, την κανέλα, το μοσχοκάρυδο και το αλάτι σε ένα μεσαίο μπολ.

b) Χτυπάμε τη ζάχαρη και το λίπος σε ένα μεγάλο μπολ του μίξερ μέχρι να ομογενοποιηθούν καλά.

c) Χτυπάμε την κολοκύθα, το αυγό και 1 κουταλάκι του γλυκού εκχύλισμα βανίλιας μέχρι να ομογενοποιηθούν.

d) Σταδιακά χτυπάμε σε μείγμα αλευριού. Ανακατεύουμε τις σταφίδες και τους ξηρούς καρπούς.

e) Ρίξτε με στρογγυλεμένη κουταλιά της σούπας περίπου 2 ίντσες μεταξύ τους σε ένα λαδωμένο ταψί.

f) Ψήνουμε σε φούρνο στους 375 βαθμούς F για περίπου 15 λεπτά ή μέχρι να σφίξουν οι άκρες.

g) Ψύξτε σε φύλλα ψησίματος για 2 λεπτά. αφαιρέστε δύο συρμάτινες σχάρες για να κρυώσουν εντελώς.

## 88.   Ρο__λό  κολοκύθας__

## ΣΥΣΤΑΤΙΚΑ:

3 αυγά

1 φλιτζάνι ζάχαρη

⅔ φλιτζάνι κολοκύθα

1 κουταλάκι του γλυκού χυμό λεμονιού

¾ φλιτζάνι αλεύρι

1 κουταλάκι του γλυκού μπέικιν πάουντερ

2 κουταλάκια του γλυκού κανέλα

1 κουταλάκι του γλυκού τζίντζερ

½ κουταλάκι του γλυκού μοσχοκάρυδο

½ κουταλάκι του γλυκού αλάτι

1 φλιτζάνι καρύδια ψιλοκομμένα

## ΕΠΙΚΑΛΥΨΗ:

1 φλιτζάνι ζάχαρη

8 ουγγιές τυρί κρέμα

4 κουταλιές της σούπας βούτυρο ή oleo

½ κουταλάκι του γλυκού βανίλια


## ΟΔΗΓΙΕΣ:

Χτυπάμε τα αυγά για 5 λεπτά σε δυνατή φωτιά και προσθέτουμε σταδιακά τη ζάχαρη.

Χτυπάμε την κολοκύθα και το χυμό λεμονιού.

Ανακατεύουμε μαζί το αλεύρι, το μπέικιν πάουντερ, την κανέλα, το τζίντζερ, το μοσχοκάρυδο και το αλάτι και προσθέτουμε στο μείγμα κολοκύθας.

Απλώνουμε σε λαδόκολλα και αλευρωμένο φύλλο μπισκότων (αντ' αυτού απλώς έβαλα χαρτί κεριού στο φύλλο μπισκότων).

e) Από πάνω ρίχνουμε 1 φλιτζάνι ψιλοκομμένους ξηρούς καρπούς.

f) Ψήστε στους 375 βαθμούς F για 15 λεπτά.

g) Βάλτε το σε μια πετσέτα πασπαλισμένη με ζάχαρη.

h) Ξεκινώντας από το στενό άκρο, τυλίξτε την πετσέτα και το κέικ μαζί - κρυώστε και μετά ξετυλίξτε την πετσέτα.

**ΕΠΙΚΑΛΥΨΗ:**

i) Χτυπάμε τα υλικά της επικάλυψης μέχρι να ομογενοποιηθούν και απλώνουμε το κέικ. Ρολάρετε και κρυώστε.

# 9.    <u>Ανυψωμένη ζύμη και γέμιση γαλλικής κρέμας</u>

*Κάνει: 18 μεγάλους ή 24 μικρούς κύκλους ή ντόνατς*

## ΣΥΣΤΑΤΙΚΑ:

- $\frac{1}{2}$ φλιτζάνι ζάχαρη
- $\frac{1}{4}$ φλιτζάνι αλεύρι για όλες τις χρήσεις
- 2 κουταλιές της σούπας άμυλο καλαμποκιού
- Πρέζα αλάτι
- 1 κουταλιά της σούπας βούτυρο
- 1 κρόκος αυγού - σε συνδυασμό με $\frac{1}{2}$ φλιτζάνι κρύο γάλα
- 2 φλιτζάνια ζεστό γάλα
- 1 κουταλάκι του γλυκού βανίλια

## ΟΔΗΓΙΕΣ:

a) Ανακατεύουμε τη ζάχαρη, το αλεύρι, το καλαμποκάλευρο και το αλάτι.

b) Χτυπάμε ελαφρά τον κρόκο του αυγού και ανακατεύουμε με $\frac{1}{2}$ φλιτζάνι κρύο γάλα. Προσθέστε στα στεγνά υλικά σχηματίζοντας μια λεία πάστα.

c) Προσθέστε το χλιαρό γάλα σιγά σιγά και μαγειρέψτε μέχρι να πήξει και να ομογενοποιηθεί, ανακατεύοντας συνεχώς.

d) Μαγειρεύουμε για περίπου 5 λεπτά αφού πήξει και προσθέτουμε το βούτυρο όταν κρυώσει το μείγμα, προσθέτουμε τη βανίλια, (μπορεί να βάλει και λίγο κίτρινο χρώμα).

e) Εάν επιθυμείτε γέμιση σοκολάτας, προσθέστε 1 ή 2 λιωμένη σοκολάτα.

f) Ζυμώνουμε απαλά για αρκετά λεπτά.

g) Τοποθετήστε σε καλά λαδωμένα μπολ #1 ή #8.

) Αλείφουμε την πάνω ζύμη με λιωμένο λίπος και τη βάζουμε σε ζεστό μέρος μέχρι να διπλασιαστεί σε όγκο. Γυρίστε σε μια επιφάνεια και ζυμώστε ξανά για λίγα λεπτά και βάλτε σε μια λαδόκολλα.

) Αλείφουμε την κορυφή με λιωμένο λίπος και αφήνουμε να φουσκώσει ξανά και μετά κόβουμε ή πλάθουμε όπως επιθυμούμε.

# 90. <u>Κέικ καφέ Raspberry Cream</u>

## ΣΥΣΤΑΤΙΚΑ:

Συσκευασία 3 ουγκιών κρέμα τυριού

¼ φλιτζάνι μαργαρίνη

2 φλιτζάνια μείγμα Bisquick

¾ φλιτζάνι γάλα

½ φλιτζάνι κονσέρβες μαρμελάδας από κόκκινο βατόμουρο

1 φλιτζάνι ζάχαρη άχνη

2 κουταλιές της σούπας γάλα

½ κουταλάκι του γλυκού βανίλια

## ΟΔΗΓΙΕΣ:

Κόβουμε το τυρί κρέμα και τη μαργαρίνη στο Bisquick και ανακατεύουμε μέχρι να γίνει εύθρυπτο.

Ανακατεύουμε με το γάλα. Γυρίστε τη ζύμη στην αλευρωμένη επιφάνεια και ζυμώστε 8-10 φορές, σε κερωμένο χαρτί, και τυλίξτε τη ζύμη σε ένα παραλληλόγραμμο 12x8.

Βάζουμε σε λαδόκολλα και αφαιρούμε τα χαρτάκια.

Απλώνουμε τις κονσέρβες στο κέντρο της ζύμης πλάτους περίπου 3.

Κάντε 2½ κοψίματα σε 1 μεσοδιάστημα στη μακριά πλευρά. Διπλώστε ρίγες πάνω από τη γέμιση.

Ψήστε στους 425 βαθμούς F παραπάνω για 12-15 λεπτά, συνδυάστε τη ζάχαρη, το γάλα και τη βανίλια. περιχύστε πάνω από το ελαφρώς κρύο κέικ καφέ.

## 91.  Ραβέντι Crunch

## ΣΥΣΤΑΤΙΚΑ:

3 φλιτζάνια φρέσκο ραβέντι (ή κεράσια) σε κύβους

1 φλιτζάνι βρώμη σε ρολό

1 φλιτζάνι καστανή ζάχαρη

$\frac{1}{2}$ φλιτζάνι + 1 κουταλιά της σούπας αλεύρι

$\frac{1}{2}$ φλιτζάνι Crisco

$\frac{1}{2}$ φλιτζάνι ζάχαρη

1 κουταλάκι του γλυκού κανέλα

$\frac{1}{8}$ κουταλάκι του γλυκού αλάτι

1 κουταλιά της σούπας νερό

## ΟΔΗΓΙΕΣ:

a) Συνδυάστε τη βρώμη, τη ζάχαρη, $\frac{1}{2}$ φλιτζάνι αλεύρι και το Crisco και πασπαλίστε το $\frac{1}{2}$ του μείγματος στον πάτο ενός τετράγωνου ταψιού 8 ιντσών.

b) Συνδυάστε τη ζάχαρη και την κανέλα. Αλάτι και 1 κουταλιά της σούπας αλεύρι.

c) Ανακατεύουμε με το ραβέντι, το νερό και το κουτάλι πάνω στο μείγμα βρώμης στο τηγάνι.

d) Καλύπτουμε με το υπόλοιπο μείγμα βρώμης και ψήνουμε για 30 λεπτά στους 325 βαθμούς Φ.

## 92. Ριζόγαλο

## ΣΥΣΤΑΤΙΚΑ:

- 4 κουταλιές της σούπας άμυλο καλαμποκιού
- $\frac{3}{4}$ φλιτζάνι λευκή ζάχαρη
- 1 τέταρτο γάλα
- 4 αυγά χτυπημένα
- 1 κουταλάκι του γλυκού εκχύλισμα βανίλιας
- $\frac{3}{4}$ φλιτζάνι άψητο λευκό ρύζι

## ΟΔΗΓΙΕΣ:

a) Βράζουμε το καλαμποκάλευρο, τη ζάχαρη και το γάλα σε χαμηλή φωτιά μέχρι να πήξουν.

b) Ρίξτε νερό σε μια κατσαρόλα και αφήστε να βράσει σε μέτρια φωτιά. ανακατεύουμε με ρύζι.

c) Μειώστε τη φωτιά στο χαμηλό, σκεπάστε και σιγοβράστε μέχρι το ρύζι να μαλακώσει και να απορροφηθούν τα υγρά για περίπου 20 λεπτά.

d) Συνδυάστε το μαγειρεμένο ρύζι και το μείγμα γάλακτος σε μια κατσαρόλα.

e) Μαγειρέψτε σε μέτρια φωτιά, ανακατεύοντας συχνά, μέχρι να γίνει παχύρρευστο και κρεμώδες, περίπου 15 λεπτά.

f) Ανακατέψτε τα χτυπημένα αυγά. μαγειρέψτε 2 λεπτά ακόμα, ανακατεύοντας συνεχώς.

g) Αποσύρετε από τη φωτιά και ανακατεύετε με τη βανίλια μέχρι να ενωθούν. σερβίρετε ζεστό.

## 93. <u>Ρωσικά κέικ τσαγιού</u>

## ΣΥΣΤΑΤΙΚΑ:

1 φλιτζάνι βούτυρο

2 φλιτζάνια αλεύρι για όλες τις χρήσεις

1 φλιτζάνι καρύδια ψιλοκομμένα

1 κουταλάκι του γλυκού βανίλια

6 κουταλιές της σούπας ζάχαρη ζαχαροπλαστικής

## ΟΔΗΓΙΕΣ:

Προθερμάνετε το φούρνο στους 350 βαθμούς F (180°C)

Κρέμα το βούτυρο. Προσθέτουμε τη βανίλια και ανακατεύουμε.

Κοσκινίζουμε μαζί το αλεύρι και τη ζάχαρη και προσθέτουμε στο μείγμα του βουτύρου. Ανακατεύουμε τους ξηρούς καρπούς.

Πλάθουμε σε μπαλάκια 1". Τοποθετούμε σε μια λαδόκολλα για μπισκότα. Ψήνουμε για 12 λεπτά.

Όταν κρυώσει, ρίξτε τη ζάχαρη ζαχαροπλαστικής. Προσέξτε να μην υπερφορτώσετε ή να παραψήσετε.

# 94.     της Σάντυ

## ΣΥΣΤΑΤΙΚΑ:

1 φλιτζάνι ή $\frac{1}{2}$ κιλό βούτυρο ή μαργαρίνη (εγώ χρησιμοποιώ μαργαρίνη)

$\frac{1}{2}$ φλιτζάνι ζάχαρη ζαχαροπλαστικής

Εγώ κουταλάκι του γλυκού βανίλια

$2\frac{1}{4}$ κούπες αλεύρι κοσκινισμένο

$\frac{1}{4}$ κουταλάκι του γλυκού αλάτι

$\frac{3}{4}$ φλιτζανιού ψιλοκομμένους ξηρούς καρπούς

## ΟΔΗΓΙΕΣ:

Κρέμα βούτυρο μέχρι να μαλακώσει.

Προσθέστε τη ζάχαρη και τη βανίλια και την κρέμα γάλακτος μέχρι να ανακατευτούν καλά.

Προσθέτουμε το αλεύρι κοσκινισμένο και το αλάτι.

Ανακατεύουμε μέχρι να ανακατευτούν καλά.

Προσθέστε ψιλοκομμένους ξηρούς καρπούς και ανακατέψτε μέχρι να ομογενοποιηθούν.

Βάλτε σε χαρτί κεριού στην κατάψυξη για 10 λεπτά.

Τυλίξτε τη ζύμη σε μπαλάκια 1 ίντσας και τοποθετήστε τα σε απόσταση $\frac{1}{2}$ ίντσας μεταξύ τους σε ένα ταψί χωρίς λαδόκολλα,

Ψήνουμε στους 325 βαθμούς για 14-17 λεπτά στη μεσαία σχάρα του φούρνου.

Ψήνουμε μέχρι να δέσει αλλά όχι να ροδίσουν.

Όσο είναι ακόμα ζεστά τα μπισκότα, τα τυλίγουμε σε ζάχαρη ζαχαροπλαστικής, τα κρυώνουμε και τα ξαναπατάμε στη ζάχαρη ζαχαροπλαστικής.

## 95.   Santa Coffee Cake

## ΣΥΣΤΑΤΙΚΑ:

- 1 πακέτο μείγμα κίτρινου κέικ
- 1 πακέτο πουτίγκα βανίλιας

4 αυγά

1 φλιτζάνι κρέμα γάλακτος

$\frac{1}{2}$ φλιτζάνι λάδι

$\frac{1}{2}$ φλιτζάνι καρύδια ψιλοκομμένα

$\frac{1}{2}$ φλιτζάνι ζάχαρη

2 κουταλάκια του γλυκού κανέλα

$\frac{1}{2}$ κουταλάκι του γλυκού μοσχοκάρυδο

2 μήλα, ξεφλουδισμένα και κομμένα σε φέτες

## ΟΔΗΓΙΕΣ:

) Ανακατεύουμε την πουτίγκα βανίλιας, τα αυγά, την κρέμα γάλακτος και το λάδι.

) Ανακατέψτε τους ψιλοκομμένους ξηρούς καρπούς, τη ζάχαρη, την κανέλα και το μοσχοκάρυδο σε ένα ξεχωριστό μπολ.

) Προθερμάνετε το φούρνο στους 350 βαθμούς F.

) Λιπάνετε ένα ταψί σωλήνα 10 ιντσών.

) Ρίχνουμε $\frac{1}{2}$ ζύμη στο ταψί.

) Στρώνουμε τα μισά μήλα και πασπαλίζουμε με το μισό μείγμα ξηρών καρπών, Επαναλαμβάνουμε.

) Ψήνουμε για 1 ώρα.

) Ψύξτε στο τηγάνι για 30 λεπτά.

# 96.    <u>Σκανδιναβικά μπισκότα</u>

## ΣΥΣΤΑΤΙΚΑ:

1 φλιτζάνι ζάχαρη

½ φλιτζάνι λίπος

Περίπου ¼ κουταλάκι του γλυκού αλάτι

1 κρόκος αυγού

1 φλιτζάνι αλεύρι

## ΟΔΗΓΙΕΣ:

Ανακατεύουμε τη ζάχαρη, το λίπος, το αλάτι, τον κρόκο αυγού και το αλεύρι.

Τυλίξτε τη ζύμη σε ρολά σε μέγεθος καρυδιού και βουτήξτε σε ένα αυγό.......

**97.** <u>**Μπισκότα μπαχαρικών**</u>

## ΣΥΣΤΑΤΙΚΑ:

$\frac{3}{4}$ φλιτζάνι βούτυρο

$\frac{1}{2}$ φλιτζάνι καστανή ζάχαρη

$\frac{1}{4}$ φλιτζάνι σιρόπι καλαμποκιού

$\frac{1}{4}$ φλιτζάνι μέλι

3 $\frac{1}{4}$ φλιτζάνια αλεύρι

$\frac{3}{4}$ κουταλάκι του γλυκού αλάτι

$\frac{3}{4}$ κουταλάκι του γλυκού αλεσμένη κανέλα

$\frac{1}{2}$ κουταλάκι του γλυκού τζίντζερ

$\frac{1}{4}$ κουταλάκι του γλυκού τριμμένο γαρύφαλλο

## ΟΔΗΓΙΕΣ:

Κρέμα βούτυρο με ζάχαρη.

Προσθέστε το σιρόπι καλαμποκιού και το μέλι.

Ανακατεύουμε το αλεύρι, το αλάτι και τα μπαχαρικά μαζί και τα προσθέτουμε στο μείγμα κρέμας.

Πλάθουμε σε 2 ρολά 2 ιντσών, τυλίγουμε και κρυώνουμε.

Φέτα πάχους $\frac{1}{8}$ ίντσας.

Ψήστε στους 350 βαθμούς Φ για 12-15 λεπτά.

## 98.     Πικάντικο κέικ καρότου με κρέμα τυριού παγωμένο

## ΣΥΣΤΑΤΙΚΑ:
## ΠΙΚΑΝΤΙΚΟ ΚΕΙΚ ΚΑΡΟΤΟ

- 2 κούπες ζάχαρη
- 2 κούπες αλεύρι
- 2 κουταλάκια του γλυκού μαγειρική σόδα
- 2 κουταλάκια του γλυκού κανέλα
- 1 ½ φλιτζάνι αλάτι
- 4 αυγά
- 1 ½ φλιτζάνι λάδι
- 3 κούπες καρότα τριμμένα
- Γέμιση με τυρί κρέμα

## ΓΕΜΙΣΗ ΚΡΕΜΑ ΤΥΡΙΟΥ:

- 1 μπαστούνι βούτυρο
- ⅛ πακέτο ουγγιάς τυρί κρέμα
- 1 κουτί ζάχαρη ζαχαροπλαστικής
- 1 κουταλάκι του γλυκού βανίλια
- 1 φλιτζάνι καρύδια ψιλοκομμένα

## ΟΔΗΓΙΕΣ:
## ΠΙΚΑΝΤΙΚΟ ΚΕΙΚ ΚΑΡΟΤΟ

- Ανακατεύουμε τα ξηρά υλικά και ανακατεύουμε καλά. Προσθέστε τα καρότα και χτυπήστε για 2 λεπτά.
- Ρίξτε σε τρεις φόρμες για κέικ και ψήστε για 24 με 30 λεπτά. Ψύξτε για 10 λεπτά.
- Αφαιρούμε και κρυώνουμε καλά. Πάγωμα με τυρί κρέμα.

## ΓΕΜΙΣΗ ΚΡΕΜΑ ΤΥΡΙΟΥ:

- Χτυπάμε το βούτυρο και το τυρί μέχρι να γίνει ελαφρύ και αφράτο.

e) Χτυπάμε τη ζάχαρη σταδιακά. Προσθέστε τη βανίλια και τους ξηρούς καρπούς.

# 9. Μπισκότα Toll House Chocolate Crunch

## ΣΥΣΤΑΤΙΚΑ:

- 1 φλιτζάνι βούτυρο
- $\frac{3}{4}$ φλιτζάνι λευκή ζάχαρη
- $\frac{3}{4}$ φλιτζανιού καστανή ζάχαρη
- 2 αυγά χτυπημένα
- 1 κουταλάκι του γλυκού σόδα
- 1 κουταλάκι του γλυκού ζεστό νερό
- $2\frac{1}{4}$ φλιτζάνια λουλούδι
- 1 κουταλάκι του γλυκού αλάτι
- 1 φλιτζάνι καρύδια ψιλοκομμένα
- 2 συσκευασίες ημίγλυκες μπουκιές σοκολάτας
- 1 κουταλάκι του γλυκού βανίλια

## ΟΔΗΓΙΕΣ:

a) Ανακατέψτε το βούτυρο και τη ζάχαρη και ανακατέψτε καλά. προσθέτουμε τα αυγά και ανακατεύουμε.

b) Διαλύουμε τη σόδα σε ζεστό νερό και προσθέτουμε το αλεύρι και το αλάτι.

c) Ανακατεύουμε καλά, προσθέτουμε τη σοκολάτα και τους ξηρούς καρπούς και τη βανίλια.

d) Ρίξτε με ένα κουταλάκι του γλυκού στο φύλλο μπισκότων.

e) Ψήστε στους 375 βαθμούς Φ για 10 λεπτά.

f) Καλύτερα να κρυώσει όλη τη νύχτα και να τυλιχτεί σε μικρές μπάλες και μετά να τοποθετηθεί σε δύο φύλλα μπισκότων.

g) Πιέστε προς τα κάτω με ένα δάχτυλο.

## 00.     Κέικ Water Gate

## ΣΥΣΤΑΤΙΚΑ:
### ΚΟΥΡΤΕΣ:
- 1 (18,25 ουγκιές) κουτί μείγμα κίτρινου κέικ
- 1 (3 ουγκιές) κουτί μείγμα στιγμιαίας πουτίγκας φιστικιού
- 3 αυγά
- 1 φλιτζάνι κλαμπ σόδα
- 1 φλιτζάνι λάδι
- ½ φλιτζάνι καρύδια ψιλοκομμένα (προαιρετικά)

### ΕΠΙΚΑΛΥΨΗ:
- 1 φάκελος ονειρικό μαστίγιο
- 1 κουτί πουτίγκα στιγμής
- 1 φλιτζάνι κρύο γάλα

## ΟΔΗΓΙΕΣ:
a) Συνδυάστε μείγμα κέικ, αυγά, λάδι, ρόφημα σόδας και 1 κουτί πουτίγκα φιστικιού.
b) Ανακατέψτε τους ξηρούς καρπούς, αν τους χρησιμοποιείτε.
c) Ρίχνουμε το κουρκούτι σε λαδωμένο και αλευρωμένο ταψί 13 x 9 ιντσών.
d) Ψήστε στους 350 βαθμούς Φ για 30 έως 40 λεπτά ή μέχρι να βγει καθαρή μια οδοντογλυφίδα που έχετε τοποθετήσει στο κέικ.
e) Ψύξτε τελείως.
f) Ανακατέψτε 1 κουτί στιγμιαίας πουτίγκας, ονειρεμένο μαστίγιο και γάλα. Ψύχρα. Κέικ παγωμένο με παγωμένο πάγο.

# ΣΥΜΠΕΡΑΣΜΑ

Τα επιδόρπια του Νότου είναι ένα αγαπημένο μέρος της νότιας κουζίνας και έχουν μια πλούσια ιστορία που αντανακλά τη μοναδική πολιτιστική κληρονομιά των Νοτίων Ηνωμένων Πολιτειών. Είναι απολαυστικά και ανακουφιστικά, με γεύσεις που σίγουρα θα ικανοποιήσουν το γλυκό του καθενός. Είτε απολαμβάνετε μια κλασική συνταγή είτε μια μοντέρνα πινελιά σε ένα επιδόρπιο του Νότου, σίγουρα θα βρείτε κάτι που θα σας κάνει να νιώθετε ικανοποιημένοι και χαρούμενοι.